白崎茶会の

# 癒しのスープ

白崎裕子

# はじめに

炒めた野菜に塩をしっかりふってしばらくおくと、水分がたっぷり出てきます。

その水分には、野菜のうまみがたっぷり出ているのですが、同じくらいにアクも入っていますから、それを抜くために汲《く》みたての水をザーッと勢いよく入れて煮立たせます。酸素が加わって浮き上がってきたアクをすくい取れば、野菜のうまみだけが残り、雑味のない、おいしいスープになるわけです。

シンプルなスープは、その野菜がもっている味や、昆布水の濃さ、選ぶ塩などで味が変わります。二度と同じ味にならないので、飽きることがありません。

野菜が少ししかなくても、スープならみんなで分かち合えますし、同じ野菜ばかり山のようにあるときも、みるみるかさが減って、おなかにおさまります。

冷え込む朝には、アツアツのスープが何よりのごちそうですし、汗をたくさんかいた日には、ちょっと塩味のきいた冷たいスープを飲むと生き返るようです。

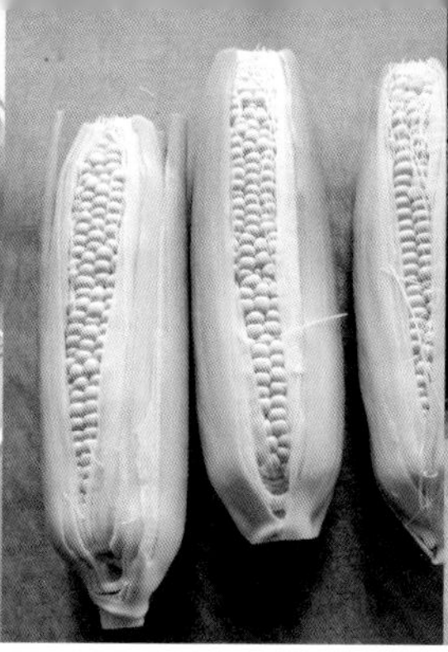

寒い夜にひとり、力をなくしたように感じるときは、少し時間がかかるスープをつくりましょう。コトコトと煮える鍋の音や立ちこめるやさしい湯気に安らぎを感じて、「煮上がる前に、あれとこれをやってしまおう」ときっと元気が出てきます。

そして、「時間が与えてくれるおいしさ」に驚くことでしょう。
海塩と昆布と野菜だけなのに、どうしてこんな香りになって、どうしてこんなにほっとする味になるのか。

スープを飲むということは、季節の食材と、少しのきれいな海水を体内に入れるということですから、とっても原始的で、本能的なことなのかもしれません。

この本のスープを飲んで体の芯から癒され、ぐっすり眠れる人が増えることを願っています。

スープが煮えるのを待ちながら

白崎裕子

# Contents


2 はじめに

6 **和から洋まで、**
**あらゆるスープの味を決める**
**万能だし**
**昆布水**
**(水で3～4倍に希釈して使うタイプ)**

7 昆布水
7 昆布水の塩スープ

**出がらし昆布で始末のレシピ**
9 ⊹昆布のソテー
9 ⊹昆布のつくだ煮
9 ⊹昆布のパリパリ揚げ

10 癒しの材料

PROLOGUE
## ときしらず

**励みのスープ**
12 たまねぎスープ
14 トマトの甘酒スープ

**和みのスープ**
16 白みそ豆乳スープ
18 梅野菜スープ

CHAPTER1
## 春のスープ

22 ひよこ豆と春野菜のスープ
22 → バジルソース
23 → 釜揚げしらすのカルパッチョ
25 新じゃがのスープ
26 焼きキャベツとあさりのスープ
28 もずくの和風サンラータン
31 豆もやしのスープ
32 そら豆のポタージュ
34 にんじんとパプリカのポタージュ

CHAPTER2
## 夏のスープ

38 夏野菜のスープカレー
38 → 塩麹ナン
41 梅酢ガスパチョ
41 → ウメスコ
42 なすのトロトロスープ
45 白身魚とオクラの辛いスープ
46 冷や汁
46 → 冷や汁の素《もと》
48 豆乳冷や汁
49 → いりツナ
49 → 野菜の塩水漬け

**大切な人につくってあげたい**
**癒しのスープ献立**

51 ⊹新たまねぎのスープ
51 ⊹かつおのオイル煮
53 ⊹モロヘイヤとオクラの冷たいスープ
53 ⊹とうもろこしご飯
55 ⊹焼きみそスープ
55 ⊹焼きしいたけご飯
57 ⊹ブロッコリースープ
57 ⊹たらのカレーご飯

CHAPTER3

## 秋のスープ


60 根菜のブラウンシチュー
60 → ぶどうとレタスのサラダ
60 → たまねぎドレッシング
62 きのこのちぎり麺スープ
65 お米のガーリックスープ
66 五目とろろ汁
68 エリンギのポタージュ


CHAPTER4

## 冬のスープ


72 ブイヤベース
72 → アイオリソース
75 にんにくの澄ましスープ
75 にんにくとしょうがのスープ
76 えびれんこんだんごスープ
78 かぶのジンジャースープ
81 甘酒豆乳シチュー
82 あさりとかぶの白みそスープ
84 かす汁雑煮

86 **昆布水と同じように使える、**
**植物性の極上だし**
**しいたけ水**
**(水で3倍くらいに希釈して使うタイプ)**

87 しいたけ水
87 しいたけ水のしょうゆスープ
87 しいたけのから揚げ

**しいたけ水のスープ献立**
89 ⊹ズッキーニのくたくたスープ
89 ⊹しいたけみそカリカリ揚げ


### 献立におすすめの
### ひとしなのレシピ


90 → じゃがいもの皮のこんがり焼き
90 → ミニトマトのピーナツあえ
90 → 新ごぼうのから揚げ
91 → ゆでいかの昆布ドレッシング
91 → さわらのジンジャーフリット
91 → かじきのガーリック揚げ
92 → えびのスパイシー焼き
92 → じゃがいものぺちゃんこ焼き
92 → 豆腐とくるみのサラダ
93 → さけのアーモンド焼き
93 → 梅びしお
93 → オイルサーディンのサンドイッチ
94 → 和風バーニャカウダ
94 → 根菜こんにゃく揚げマリネ
94 → かぶの葉のピリ辛炒め
95 → 大根とりんごの甘酒マリネ
95 → 豆腐トースト
95 → 七福なます


+ この本で使用している計量スプーンは大さじ1＝15mℓ、小さじ1＝5mℓです。1mℓは1ccです。
+ 材料表の下のエネルギーと塩分は、特にことわりのないかぎり、およその1人分の数値です。材料が3〜4人分の場合は、4人分として計算しています。また、時間はおよその調理時間です。
+ 材料表の◉は常備の調味料です。
+ オーブントースター、ミキサーなどの調理器具は、各メーカーの使用説明書などをお読みのうえ、正しくお使いください。

和から洋まで、あらゆるスープの味を決める万能だし

# 昆布水

（水で3～4倍に希釈して使うタイプ）

白崎茶会のスープは、昆布水をベースにしてつくるのが基本です。
昆布を水につけて一晩おくだけなので、手間いらず。
**昆布に対して水を少なめに入れて抽出し、**
**あとからたっぷりの水でうすめて使うのがポイントです。**
そのまま飲むとあっさりした味わいですが、ほかの食材と合わせたとたん、
驚くほど深いうまみとコクが出て、味のベースをしっかりつくります。
それでいて、ほかの素材のじゃまをせず、持ち味を引き出す名バイプレイヤーです。

## つくるスープによって希釈の濃度を自在に調節できます

昆布水は、濃く抽出したものを**水で3～4倍にうすめて使います。**場所をとらないので冷蔵庫に常備できますし、つくるスープによって濃くしたりうすくしたり、自在に調節できるのがいいところです。昆布水には、うまみと一緒に、ぬめりや昆布くささの原因となる成分も出ていますが、スープにするときに、たっぷりの新しい水を加えることで酸素が入り、煮立たせるとアクとなって浮かび上がってきます。それを取り除けば昆布のくせはなくなり、甘みとうまみが際立った、すっきりとおいしいだしになります。

昆布水がなくなったら、**新しく水を足せば2～3回は使えます。**2回目の昆布水はうすくなっているのであまり希釈せずに使いましょう。2回目でも十分においしいスープができます。3回目の昆布水もまだ使えます。ごくうすいだしになりますが、魚介類やきのこなど素材のうまみだけで成立するスープや野菜の煮物に水のかわりに加えると、不思議と味が深くなります。この本のレシピは、1回目の昆布水を基準にしています。昆布水を使ったスープのレシピは、しいたけ水（P.86参照）でつくってもおいしいです。

# 昆布水

**水で3～4倍に希釈して使うタイプ**

### 材料（つくりやすい分量）

昆布（10cm四方）……3枚（25g）

### つくり方

① 昆布はサッと洗って細かく割り、瓶に入れる。

② 水400mℓを加え、冷蔵庫に一晩おく。

memo

+ 冷蔵庫で3～4日間保存可能。水で3～4倍に希釈し、加熱して使う（豆乳など別の水分を加えるスープは濃いめに希釈する）。使いきったら、新しく水を足せば3回くらいは繰り返し使える。2回目からはうすくなるので、味をみて希釈濃度を加減する。
+ 出がらし昆布は料理に活用できる（P.09参照）。冷凍用保存袋に入れて冷凍庫で約2か月間保存可能（次々と継ぎ足してストックするとよい）。

---

## 昆布水の塩スープ

昆布水のうまみそのものを味わう
シンプルなスープです。
器に食材を入れ、
3倍に希釈して温めた昆布水を
注ぐだけで楽しめます。

→

□ 材料（1人分）

昆布水（上記参照）……50mℓ
ねぎ（みじん切り）……大さじ1
粗塩……小さじ1/5（1g）
5kcal　塩分1.1g　3分

□ つくり方

❶ 器にねぎと粗塩を並べる（a）。
❷ 昆布水と水を合わせて150mℓにして小鍋に入れ、中火にかける。煮立ったらアクを取り、アツアツを1に注ぐ（b）。

memo

+ 香りづけにごま油（茶）を数滴落としても。
+ ねぎはもみのり、すりごま、しょうが（すりおろす）、にら（みじん切り）などに、粗塩はしょうゆ小さじ1強にかえても。

a

ねぎと粗塩は、器に直接入れます。

b

アツアツの昆布水を注げば完成。

01
02
03

# 出がらし昆布で始末のレシピ

出がらし昆布のストックがある程度たまったら、まとめて料理に。

---

-¦- 01 →

## 昆布のソテー

昆布を細切りにして、ペペロンチーノ風に炒めます。
お酒にも合う一品です。

□ 材料（つくりやすい分量）

「昆布水」の出がらし昆布（P.07参照）
……100g
にんにく……1かけ
赤とうがらし（小口切り）……1本分
◉オリーブ油・しょうゆ・酒

240kcal（全量）　塩分2.4g（全量）
10分

□ つくり方

❶ 昆布はなるべく細く切る。にんにくは薄切りにする。
❷ フライパンにオリーブ油大さじ1½とにんにくを入れ、弱火にかける。香りがたったら、昆布と赤とうがらしを加えて中火で軽く炒め、しょうゆ・酒各小さじ2を加えて混ぜる。

memo 冷蔵庫で約3日間保存可能。

-¦- 02 →

## 昆布のつくだ煮

甘辛ながらも、酢の酸味ですっきりとした味わいです。
好みで、白ごまや削り節をふっても。

□ 材料（つくりやすい分量）

「昆布水」の出がらし昆布（P.07参照）
……200g
A
水……300mℓ
しょうゆ・みりん……各65mℓ
てんさい糖……大さじ2
酢……小さじ1½

350kcal（全量）　塩分12.3g（全量）
35分

□ つくり方

❶ 昆布は3cm四方くらいに切って鍋に入れ、Aを加えて中火にかける。沸騰したら弱火にし、汁けがなくなるまで30分間ほど煮る。
❷ 煮汁にとろみがついてきたら、昆布にからめて火を止める。食べてみてまだ堅いようなら、水適宜を加えてもう少し煮る。

memo 冷蔵庫で約2週間保存可能。

-¦- 03 →

## 昆布のパリパリ揚げ

かたくり粉をたっぷりとまぶすとパリッと揚がります。
スナック感覚でおやつやお茶請けに。

□ 材料（つくりやすい分量）

「昆布水」の出がらし昆布（P.07参照）
……100g
粗塩……適量
◉かたくり粉・揚げ油

190kcal（全量）　塩分1.2g（全量）
15分

□ つくり方

❶ 昆布は水けをよく拭き取って1cm幅くらいに切り、かたくり粉をたっぷりとまぶす。
❷ 揚げ油を中温（170℃）に熱して1を入れ、時々上下を返しながら、パリッとするまで揚げる。油をきり、粗塩をふる。

# 癒しの材料

白崎茶会では、体にやさしい材料を愛用しています。

**地粉《じごな》**は「うどん粉」などとも呼ばれる国産の中力粉。白崎茶会で使用する小麦粉は地粉です。中力粉、強力粉、薄力粉でも代用できます。**甘酒**は濃縮タイプを使います。砂糖よりやさしい甘みやコクをつけたいときに便利。**梅酢**は梅干しで梅を塩漬けにするときに出る梅のエキス。酸味と塩みを兼ねた万能調味料で、梅の香りにも癒されます。白梅酢と赤梅酢、自家製と市販はどちらでも。**無調整豆乳**は、牛乳のかわりにポタージュやシチュー、クリーミーに仕上げたいスープに使います。昆布水との相性も抜群。加工タイプの調製豆乳ではなく、大豆そのものの風味を味わえる無調整タイプを選んでください。**米粉《こめこ》**はグルテンを含まないので、小麦粉より胃腸に負担が少なく、体にやさしい仕上がりに。ルーや揚げ物の粉を米粉にすると、軽やかになります。上新粉でも代用できます。**てんさい糖**は、甜菜《てんさい》(砂糖大根）が原料の砂糖。さとうきびを原料とした砂糖より低GIで、腸内環境を整えるオリゴ糖が豊富。寒冷地の根菜が原料なので、体を冷やしにくいともいわれており、甘みは穏やかです。きび糖でも代用できます。**粗塩**は、原料が海水100%の海塩を使用。塩田で天日濃縮し、平釜でゆっくりと結晶化させる昔ながらの「天日・平釜製法」でつくられた、ミネラルが豊富な海塩を愛用しています。**塩麹《こうじ》**は塩み、うまみ、甘みを兼ねた調味料で、短時間で発酵風味をつけるのに重宝します。**植物油**は、味や香りにくせのない菜種サラダ油、ごま油（白）を主に使用。圧搾製法のものを愛用しています。くせのない好みの植物油でも。

PROLOGUE

# ときしらず

～季節に関係なく楽しめて、いつでも食べたくなるスープ～

一皿のスープは、体を潤わせ、心を整える養生食。
その日のコンディションに合わせて、元気をチャージする「励みのスープ」と、
リフレッシュできる「和みのスープ」に分けて紹介します。
がんばる自分に、ご褒美を。

励みのスープ

№1

# たまねぎスープ

シンプルなスープですが、たまねぎの力強い味が五《ご》臓《ぞう》六《ろっ》腑《ぷ》にじんわりしみて、
体の底から元気が湧き上がります。
時間があるときにたまねぎを炒めてストックしておけば、
昆布水を加えて温め、しょうゆかみそで味を調えるだけですぐに楽しめます。
忙しいときに便利です。

**材料（1人分）**

炒めたまねぎストック（下記参照）
……50g
昆布水（P.07参照）……50mℓ
●しょうゆ（またはみそ）・こしょう
130kcal　塩分1.4g　5分

**つくり方**

1. 小鍋に炒めたまねぎストックを入れ、昆布水と水を合わせて200mℓにして加え、中火にかける。沸騰したらアクを取って弱火にし、2分間ほど煮る。
2. 味をみて、しょうゆ（またはみそ）小さじ1で調える。器に盛り、こしょう適量をふる。

→ 炒めたまねぎストック

「強火で5分間炒めて冷まし、粗塩をふる」
この作業を3回繰り返すだけで、
長時間炒めたかのような
甘みとコクが出ます。
たまねぎの切り方もポイント。
繊維を断つように切ると
短時間で火が通って柔らかくなり、
甘みが出やすくなります。

□ 材料（つくりやすい分量）
たまねぎ……3コ（600g）
にんにく……3かけ
好みの植物油……大さじ3
粗塩……小さじ1
620kcal（全量）
塩分4.9g（全量）
20分*1
*1 冷ます時間は除く。

□ つくり方
❶ たまねぎは縦半分に切り、繊維に垂直に薄切りにする。にんにくはみじん切りにする。
❷ フライパンにたまねぎと植物油を入れ、よく混ぜる。
❸ 強火にかけ、全体が熱くなってから5分間炒める。火を止めて10分間以上冷まし、粗塩の1/3量をふる。
❹ にんにくを加えて再び強火にかけ、3と同様にする。3の作業をもう1回繰り返し、清潔な保存容器に入れる。
memo 冷蔵庫で約2週間、冷凍用保存袋に入れて冷凍庫で約1か月間保存可能（調理の際は凍ったまま加熱する）。このほかのスープの炒めたまねぎにも活用できる。炒めたまねぎストック40g＝たまねぎ1/2コ分。

励みのスープ

№2

# トマトの甘酒スープ

包丁いらずで、昆布水も使わない簡単スープ。
トマト、甘酒、オリーブ油の相乗効果で疲れをリカバリーできます。
おなかはすいたけど何にもしたくないというときや、
何となく元気が出ない日の朝ごはんに。
汁物がすぐ欲しいというときにも重宝します。
加熱時間が短くても、甘酒のやさしい甘みで酸味はまろやかです。

**材料（2〜3人分）**

トマトの水煮（缶詰／カットタイプ）
……1缶（400g）

A | 甘酒（濃縮タイプ）*1……50mℓ
　| オリーブ油……大さじ1
　| 粗塩……小さじ⅔

◉こしょう

90kcal　塩分1.1g　5分

*1 米と米こうじが原料のもの。

**つくり方**

1. 小鍋にトマトの水煮を入れる。
2. トマトが入っていた空き缶に、水を缶の深さの半分まで入れ、残ったトマトをゆすぐようにして、1に加える。Aを加えて中火にかけ、沸騰してから2分間ほど煮て、こしょう少々をふる。

☑ **生のトマトでつくるなら**

生のトマトでも楽しむことができます。その場合は、トマト3コ（600g）はヘタを取って皮付きのまま四つ割りにして鍋に入れ、水は加えずに、Aを加えてふたをし、20分間ほど煮ます。菜箸で皮を取り除いてトマトをつぶし、こしょう少々をふって完成です。トマトのおいしい夏におすすめします。

和みのスープ

№1

# 白みそ豆乳スープ

白い野菜と調味料で仕上げる、見た目も味もホッとするスープ。
野菜は季節によって、キャベツ、かぶ、大根、ねぎ、
カリフラワー、ごぼうなどを合わせて500gでアレンジできます。
えのきはうまみ出しを兼ねるので、ぜひ入れてください。
白の視覚効果で、もやもやした気分もリセットしましょう。

**材料（2〜3人分）**

白菜……⅛コ（300g）
たまねぎ……1コ（200g）
えのきだけ……1袋（100g）
好みの植物油……大さじ1
粗塩……小さじ½
昆布水（P.07参照）……250mℓ
白みそ……大さじ4
無調整豆乳……200mℓ
●こしょう

170kcal　塩分2.4g　30分*1

*1 野菜から水分が出るまでおく時間は除く。

**つくり方**

1. 白菜の軸は2cm四方くらいに、葉は3cm長さのザク切りにする。たまねぎは縦半分に切り、繊維に垂直に薄切りにする。えのきは根元を除いて2cm長さに切る。

2. 鍋に植物油と白菜、たまねぎ、えのきを入れて軽く混ぜ、中火にかけて軽く炒め、火を止める。粗塩を加えて混ぜ、野菜から水分が出てくるまで10分間ほどおく。
   memo この状態で保存も可能（下記「白い野菜の炒めストック」参照）。

3. 昆布水と水を合わせて800mℓにして鍋に加え、弱火にかける。沸騰したらアクを取り、野菜が柔らかくなるまで10〜15分間煮る。火を止めて白みそを加え、混ぜる。豆乳を加えて中火にかけ、沸騰直前まで温め、こしょう少々をふる。

→ 白い野菜の炒めストック

炒めた野菜は保存も可能なので、時間のあるときにつくっておいても。つくり方2で野菜を炒めたら水分ごと保存容器に入れて冷まし、冷蔵庫で保存します（約3日間保存可能）。野菜から出た水分は、うまみたっぷりの野菜エキス。水分ごと保存するのがポイントです。

和みのスープ

№2

# 梅野菜スープ

梅干しを塩のかわりに調味料として使う、和風のさっぱりスープ。
塩でつくるよりうまみがあり、梅のほんのりとした酸味とかぼちゃの甘みがよく合います。
気分がほっこりとして、緊張がほぐれる味わいです。
鍋に放り込んで火にかけておくだけなので、疲れていても、つくる気になります。

**材料（2〜3人分）**

大根……100g
にんじん……2/3本（100g）
たまねぎ……1/2コ（100g）
かぼちゃ……100g
梅干し（塩分15%）……2コ（30g）
昆布水（P.07参照）……200mℓ
小松菜……1/3ワ（50g）
◉しょうゆ

70kcal　塩分1.4g　30分

**つくり方**

1. 大根、にんじん、たまねぎは1cm角に切る。かぼちゃは2cm角に切る。
2. 鍋に1と梅干しを入れ、昆布水と水を合わせて800mℓにして加え、弱火にかける。沸騰したらアクを取り、ふたをして野菜が柔らかくなるまで15〜20分間煮る。味をみて、しょうゆ少々で調える。
memo 梅干しは冷たい状態から弱火でゆっくりと沸騰させると、うまみがよく出る。
3. 小松菜を2cm長さに切って2に加え、ひと煮立ちさせたら火を止める。

☑ **梅干しでおいしいスープをつくるには**

梅干しは昔ながらの酸っぱくてしょっぱいものほどおいしいスープになります。そのまま食べるにはしょっぱすぎる梅干しや、塩をふいてしまった梅干しがあれば、ぜひこのスープに。食べるときは、梅干しをくずしながらスープに混ぜます。冷蔵庫の残り野菜(合わせて400g)でアレンジしても。かぼちゃかさつまいものどちらかを入れると、おいしくなります。

CHAPTER 1

# 春のスープ

植物が青々と芽吹く、エネルギーに満ちた季節。
この時季にしか味わえない、野菜のみずみずしさをスープに生かします。
塩でしめたり、香ばしく焼いたりと、野菜の個性に合った調理法で
持ち味を最大限に引き出し、調味料はシンプルに味を調えるくらいで十分です。

釜揚げしらすのカルパッチョ

→ つくり方はP.23

ひよこ豆と春野菜のスープ

→ つくり方はP.22

# ひよこ豆と春野菜のスープ

こっくりとした豆の風味のスープに、春のグリーン野菜のシャキシャキ感が軽やか。
アクがたくさん出るので、しっかり取り除くと雑味が取れて、豆の味が際立ちます。
豆のスープは、塩を最後に入れるのがポイント。早く入れると豆が柔らかく煮上がりません。

**材料（4人分）**

ひよこ豆（乾）……100g
たまねぎ……1コ（200g）
えのきだけ……1袋（100g）
スナップえんどう……8コ（約60g）
グリーンアスパラガス……6本（100g）
にんにく（薄切り）……2かけ分
好みの植物油……大さじ2
昆布水（P.07参照）……250mℓ
粗塩……小さじ2
◉こしょう・オリーブ油

190kcal　塩分2.5g　45分*1

*1 ひよこ豆を戻す時間は除く。

**つくり方**

1. ひよこ豆はたっぷりの水に浸して一晩（8時間）以上おいて戻し、水けをきる。
2. たまねぎは縦半分に切り、繊維に垂直に薄切りにする。えのきは根元を除いて1cm幅に切る。スナップえんどうは筋を取って3等分の斜め切りにする。アスパラは根元の堅い部分を除き、1cm厚さの輪切りにし、穂先は4〜5cm長さに切る。
3. 鍋に植物油を中火で熱し、たまねぎ、にんにくを透明感が出るまで炒める。えのきを加えて炒め、ひよこ豆を加える(a)。昆布水と水を合わせて1ℓにして加え、煮立たせる。アクと油が浮いてきたら、丁寧に取り除く(b)。
4. ふたをして弱火にし、豆が柔らかくなるまで30分間ほど煮る。豆を1コ食べて柔らかくなっていたら、スナップえんどうとアスパラを加える。ひと煮立ちさせたら味をみて、粗塩、こしょう少々で調えて器に盛る。好みでオリーブ油適量を回しかける。または、バジルソース（分量外／下記参照）を加えても。

スープの味変えに

## バジルソース

バジルの香りとナッツのコクで、スープに深みが出ます。

□ 材料（つくりやすい分量）

バジルの葉（生）……50g
オリーブ油……100mℓ
にんにく……1かけ
レモン汁……小さじ½
アーモンドスライス（ローストタイプ）*1……15g
粗塩……小さじ1

940kcal（全量）　塩分4.9g（全量）　5分

*1 くるみ（ローストタイプ）や白ごまでも。

□ つくり方

すべての材料をフードプロセッサーに入れ、なめらかになるまでかくはんするか、すり鉢ですり混ぜる。

memo

冷蔵庫で約3週間保存可能。保存瓶に入れ、オリーブ油（分量外）を5mm深さほど注いで表面を覆うと変色を防げる。

a

えのきを炒めてうまみが出たら、ひよこ豆を加えて煮ます。

b

炒めた油もアクとともに浮いてくるので、一緒に取り除きます。

**献立におすすめのひとしな**

## 釜揚げしらすのカルパッチョ

トマトの酸味をきかせると、
スープとの相性がグッとよくなります。

□ 材料（2～3人分）

釜揚げしらす……1パック（100g）
ミニトマト……8コ（80g）
イタリアンパセリの葉
（または青じそか青ねぎ）……適量
レモン……¼コ
粗塩……少々
●オリーブ油・黒こしょう（粗びき）
110kcal　塩分1.5g　5分

□ つくり方

1 ミニトマトはヘタを取り、みじん切りにする。イタリアンパセリもみじん切りにする。
2 器にしらすを盛り、オリーブ油をたっぷりと回しかけ、粗塩、黒こしょう適量をふる。ミニトマトとイタリアンパセリを散らし、レモンを搾って食べる。

# 新じゃがのスープ

くずれやすい新じゃがいもも、塩水につけると、塩の脱水力で水分が抜けてギュッと縮み、
煮くずれしません。エキスとでんぷんがたっぷり出た塩水はスープに加えます。
濃厚なうまみとやさしいとろみがついて、滋味深い味わい。仕上げに豆乳を少し加えても。

**材料（2人分）**

新じゃがいも……2コ（300g）*1
塩水 *2
　水……100mℓ
　粗塩……小さじ1
にんにく（みじん切り）……½かけ分
たまねぎ（みじん切り）……½コ分
エリンギ
（または好みのきのこ／粗く刻む）
……1つかみ（50g）
昆布水（P.07参照）……150mℓ
粗塩……少々
●オリーブ油・こしょう

180kcal　塩分2.6g　25分*3

*1 小さめのじゃがいもなら約5コ。
*2 じゃがいも中サイズ1コにつき塩は小さじ½、水はじゃがいもがかぶるくらいの量が目安。カレーやシチューにも応用できる。
*3 新じゃがいもを塩水につけておく時間は除く。

**つくり方**

1. ボウルに塩水の材料を混ぜ、粗塩をよく溶かす。
2. じゃがいもは皮をむいて一口大に切り、1の塩水につけて20分間以上おく（a）。
   memo 皮は、下記の「じゃがいもの皮のこんがり焼き」に活用できる。その場合、皮は厚めにむくと食べごたえが出る。
3. 鍋にオリーブ油大さじ1、にんにくを入れて弱火にかける。シュワシュワと油が泡立ってきたら、たまねぎとエリンギを加えて中火にし、透明感が出るまでよく炒める。
4. 3に2を塩水ごと加える。昆布水と水を合わせて400mℓにして加え、ごく弱火にする。煮立ったらアクを取り、ふたをしてじゃがいもが柔らかくなるまで15分間ほど煮る。味をみて粗塩、こしょう少々で調える。

a

新じゃがいもを塩水につけると水分が出て、かなり縮みます。

献立におすすめのひとしな

じゃがいもの皮のこんがり焼き

→ つくり方はP.90

# 焼きキャベツとあさりのスープ

キャベツは香ばしく焼いて甘みを出し、クッタリと柔らかくなるまでコトコトと煮ます。
仕上げにあさりのうまみを加えて、香りづけのしょうゆをタラリ。
芯までトロッと柔らかで、スープと一体化したキャベツのやさしい口当たりに感動します。

**材料（2〜3人分）**

春キャベツ……¼コ（300g）
あさり（砂抜きしたもの）……200g
にんにく……1かけ
ごま油（白）……大さじ1
粗塩……適量
昆布水（P.07参照）……150mℓ
◉しょうゆ・黒こしょう（粗びき）

80kcal　塩分1.7g　45分

**つくり方**

1. キャベツは2〜3等分のくし形に切り、芯の堅い部分だけをそぎ落とす。にんにくは根元側に十文字に切り込みを入れる。あさりは殻をこすり合わせて洗う。
2. フライパンにごま油を中火で熱してキャベツを並べる。両面にこんがりと焼き色がつくまで、じっくりと焼く(a)。
3. キャベツを鍋に移し、にんにく、粗塩小さじ½を加える。昆布水と水を合わせて600mℓにして加え、ふたをして弱火にかける。沸騰したらアクを取り、キャベツの芯が柔らかくなるまで25〜30分間煮る。
4. 3にあさりを加え(b)、ふたをして中火で2〜3分間、あさりの口が開くまで煮る。味をみて粗塩少々で調える。好みでしょうゆを数滴たらす。器に盛り、黒こしょう少々をふる。

a

皿や鍋のふた、へらなどで押さえながら焼くと、焼き色がしっかりつきます。

b

キャベツがクッタリと柔らかくなったら、あさりを加えてうまみを含ませます。

**献立におすすめのひとしな**

昆布のつくだ煮

→ つくり方はP.09

# もずくの和風サンラータン

酸味と辛みがきいた中華料理の定番スープを、さっぱりと和風にアレンジ。
もずくは軽く煮る程度にして、食感と磯の香りを楽しみましょう。
乾燥の小えびや桜えび、オクラやパプリカを加えてボリュームアップしても。

**材料（2人分）**

もずく（生／味のついていないもの）*1
……100g
絹ごし豆腐……½丁（150g）
昆布水（P.07参照）……100mℓ

A
- みりん……大さじ2
- しょうゆ……大さじ1
- 赤とうがらし（小口切り）……1本分

B
- 梅酢（または酢）……小さじ1～2
- ごま油（茶）……小さじ1

細ねぎ（小口切り）・白ごま
……各適量
●かたくり粉

120kcal　塩分2.1g　10分

*1 味つきのものを使う場合は、Aのみりん、Bの梅酢を省くとよい。

**つくり方**

1. 豆腐は1cm角に切る。

2. 昆布水と水を合わせて400mℓにし、Aとともに鍋に入れて中火で煮立たせ、アクを取る。火を止め、かたくり粉小さじ1を倍量の水で溶いて加える(a)。再び中火で煮立たせ、ゆるいとろみをつける。

3. 2に豆腐ともずくを加えて弱火にし、フツフツとしたらBを加える(b)。味をみて足りなければ粗塩少々（分量外）で調え、火を止める。器に盛り、細ねぎ、白ごまを散らす。

a

とろみをつけると深みが出て、味がはっきりします。

b

梅酢は香りと酸味がとばないよう、仕上げに加えます。

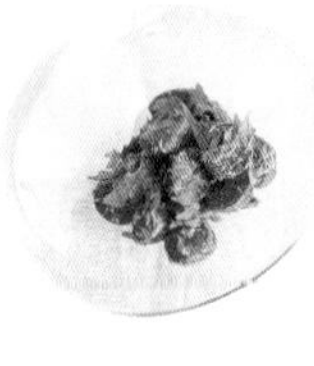
献立におすすめのひとしな

ミニトマトのピーナツあえ

→ つくり方はP.90

# 豆もやしのスープ

豆もやしは透明感が出るまで炒めてから煮るのが、うまみをしっかり出すコツ。
温かい煮汁に加えて煮ると、豆の部分が堅くなって、うまみが出にくくなってしまいます。
豆乳のかわりに同量の水にして、あっさりとした味わいのスープを楽しんでも。

**材料（2人分）**

豆もやし……½袋（100g）
にんじん……⅙本（25g）
にら……¼ワ（25g）
えのきだけ……¼袋（25g）
ごま油（白）……大さじ1
にんにく（すりおろす）
……小さじ½
昆布水（P.07参照）……100mℓ
無調整豆乳……100mℓ
粗塩……小さじ⅔
一味とうがらし（またはラー油）
……適宜
◉こしょう

120kcal　塩分1.8g　15分

**つくり方**

1. にんじんはせん切りにする。にらは4cm長さに切る。えのきは根元を除き、4cm長さに切る。
2. 鍋にごま油、豆もやし、にんじん、えのきを入れて中火にかけ、豆もやしに透明感が出るまで炒める（a）。にんにくを加えてサッと炒める。
3. 昆布水と水を合わせて300mℓにして2に加える。煮立ったらアクを取り（b）、ふたをして弱火にし、2分間煮る。にらを加えて混ぜる。
4. 豆乳を加えて沸騰直前まで温める。粗塩、こしょう少々で味を調えて器に盛り、好みで一味とうがらしをふる。

a

豆もやしは透明感が出るまで炒めるとくせが抑えられ、うまみがよく出ます。

b

アクを丁寧に取るとすっきりと仕上がり、豆もやしの味が際立ちます。

献立におすすめのひとしな

新ごぼうのから揚げ

→ つくり方はP.90

# そら豆のポタージュ

そら豆の濃厚な風味を堪能できる、温かくても冷やしてもおいしいポタージュ。
おいしく仕上げるポイントは、そら豆を油で炒めてコクをつけてから煮ることです。
そら豆のとろみがついてから豆乳を加えると、分離しにくくなります。

**材料（2人分）**

そら豆（さや付き）
……400g（正味100g）*1
新たまねぎ……1コ（200g）
ごま油（白）……大さじ2
昆布水（P.07参照）……75mℓ
無調整豆乳……100mℓ
粗塩……小さじ⅔
◉こしょう

230kcal　塩分2.1g　35分

*1 さや約８本分（約32粒）。

**つくり方**

1. そら豆はさやから出し、薄皮をむく。たまねぎは縦半分に切り、繊維に垂直に薄切りにする。

2. 鍋にごま油とたまねぎを入れて中火にかけ、焦がさないように５～６分間よく炒める。透明感が出てトロトロになったら、そら豆を加えてサッと炒める(a)。

3. そら豆の色が鮮やかになったら、昆布水と水を合わせて200mℓにして加える(b)。煮立ったらアクを取り、ふたをして弱火にする。そら豆が柔らかくなるまで10分間ほど煮る。火を止め、粗熱を取る。

4. 鍋から飾り用に少量のそら豆を取り分け、残りは煮汁ごとミキサーにかける。鍋に戻し、豆乳を加えて中火で温め、粗塩、こしょう少々を加える。味をみて足りなければ粗塩少々(分量外)で調える。器に盛り、飾り用のそら豆をのせる。

memo　豆乳を加えてから温めずに、冷蔵庫で冷やしてもおいしい。

a

たまねぎをよく炒めて甘みを引き出してから、そら豆を加えます。

b

そら豆に油がなじんだら、昆布水と水を加えて煮ます。

**献立におすすめのひとしな**

ゆでいかの昆布ドレッシング

→ つくり方はP.91

# にんじんとパプリカのポタージュ

パプリカの酸味で奥行きが出て、にんじんだけよりも華やかな味わいのポタージュに。
野菜は薄切りや細切りにすると早く火が通るので、時短につながります。
仕上げに粗みじんに切ったパプリカをトッピングして、色みと食感のアクセントをプラス。

**材料（2人分）**

にんじん……2/3本（100g）
パプリカ（赤）……1コ（100g）
たまねぎ……1/2コ（100g）
ごま油（白）……大さじ2
昆布水（P.07参照）……75mℓ
無調整豆乳……100mℓ
粗塩……小さじ1/2
◉こしょう

200kcal　塩分1.4g　30分*1
*1 粗熱を取る時間は除く。

**つくり方**

1. にんじんは薄い輪切りにする。パプリカはヘタと種を取って細切りにし、トッピング用に少量を粗みじんに切る。たまねぎは繊維に垂直に薄切りにする。

2. 鍋にごま油、たまねぎを入れて中火にかけ、透き通るまでよく炒める。にんじん、細切りにしたパプリカを加えてサッと炒める（a）。

3. 昆布水と水を合わせて200mℓにし、2に加える。煮立ったらアクを取り、ふたをして弱火にする。野菜が柔らかくなるまで10分間ほど煮て（b）火を止め、粗熱を取る。

4. 3をミキサーに移してかくはんし、鍋に戻す。豆乳を加えて弱火にかけ、沸騰する直前まで温める。粗塩、こしょう少々をふる。味をみて足りなければ、粗塩少々（分量外）で調える。器に盛り、粗みじんに切ったパプリカをのせる。

a
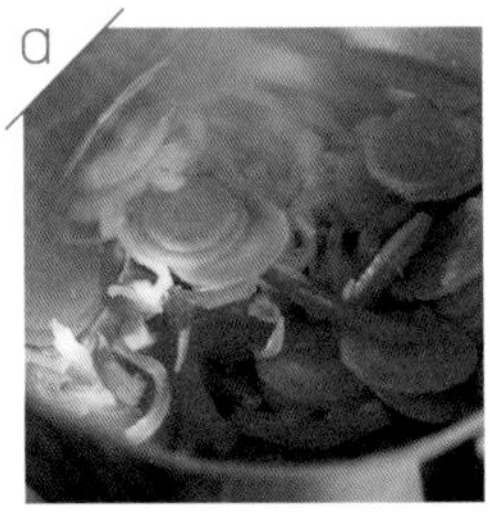
軽く炒めて油になじませ、コクをつけます。

b
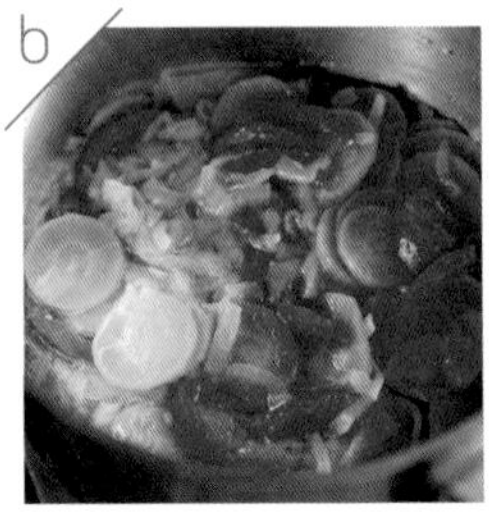
野菜が柔らかくなるまで煮て、うまみを引き出します。

**献立におすすめのひとしな**

さわらのジンジャーフリット

→つくり方はP.91

CHAPTER 2

# 夏のスープ

暑さで体力を消耗してしまう季節。
滋養のある食材をのどごしと口当たりのよいスープに仕上げます。
酸味や辛みをきかせて、五感から食欲を誘うのも大切。
ひんやりと冷たいスープが楽しめるのも、この季節ならではです。

夏野菜のスープカレー
→ つくり方はP.38

塩麹《こうじ》ナン
→ つくり方はP.38

# 夏野菜のスープカレー

野菜だけであっさりとしながらも、ココナツミルクのコクで満足感が出ます。
しょうがの香りをうまく引き出せば、スパイスを多用しなくても本格的な味わいに。
なすとピーマンはこんがりと香ばしく焼いて、スープカレーにのせます。

### 材料（2人分）

なす……2コ（200g）
ピーマン……2コ（80g）
トマト……1コ（150g）
たまねぎ……1コ（200g）
しょうが（みじん切り）……1かけ分（10g）
粗塩……適量
好みの植物油……適量
カレー粉……大さじ1
昆布水（P.07参照）……100mℓ
ココナツミルク……100mℓ
◉しょうゆ

350kcal　塩分2.4g　30分*1

*1 なすを塩水にさらす時間は除く。

### つくり方

① なすはヘタを取って1.5cm厚さの輪切りにし、3％濃度の塩水（水500mℓにつき粗塩大さじ1）に10分間さらす。ピーマンはヘタと種を取って1cm厚さの輪切りに、トマトはヘタを取って粗みじんに、たまねぎは縦半分に切って繊維に垂直に薄切りにする。

② 鍋に植物油大さじ1、しょうがを入れて弱火にかけ、シュワシュワと泡が出てきたら、ごく弱火にする。焦げないように時々かき混ぜながら、泡があまり出なくなるまで3分間ほど、じっくりと加熱する（a）。

③ たまねぎを加え、薄茶色になるまで5～6分間、中火でよく炒める。カレー粉（b）、トマトを順に加えてサッと炒める。昆布水、水50mℓ、ココナツミルク（c）、しょうゆ大さじ1½を加えて煮立たせ、2分間煮る。味をみて足りなければ粗塩少々で調える。

④ フライパンに植物油大さじ2を中火で熱し、なすの水けをきって並べ、両面をこんがりと焼いて取り出す。続いてピーマンを中火でサッと焼く。

⑤ 器に3を盛り、4をのせる。

献立におすすめのひとしな

## 塩麹《こうじ》ナン

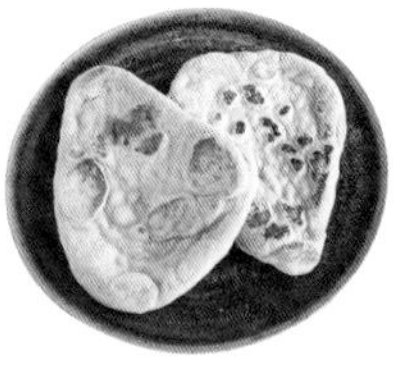

塩麹で発酵風味と
塩みを加えた無発酵レシピ。
バターや卵を使わないので、
軽やかです。

□ 材料（2人分）

A
- 地粉《じごな》*1……100g
- ベーキングパウダー……小さじ1

B
- 塩麹（市販）……大さじ1
- 水……50mℓ

好みの植物油……適量

230kcal　塩分1.4g　25分*2

*1 同量の中力粉、または強力粉と薄力粉を同割で混ぜたもので代用できる。
*2 生地をねかせる時間は除く。

□ つくり方

❶ ポリ袋にAを入れる。空気を入れて口をねじり、振って混ぜる。Bを加え（a）、ポロポロになるまでよく振る。

❷ 口を開けて袋の空気を抜き、袋の上から両手でよくもむ。なめらかになったら植物油小さじ1を加える。生地が袋にくっつかずに油浮きしなくなるまで、よくもんでまとめる。

a

しょうがは泡が出なくなるまで加熱すると辛みが抜け、香りがたちます。

b

カレー粉のかわりにクミンシード小さじ2と一味とうがらし小さじ¼を加えても。

c

ココナツミルクはトマトがなじんでから加え、コクをつけます。

❸ 生地を取り出し、2等分にして丸める。ポリ袋に並べて袋の口を結び、冷蔵庫で15分間ほどねかせる。
❹ フライパンに植物油少々を薄くひき、中火で温める。手で3の生地1コを平らにしてできるだけ薄くのばし(b)、焼く。気泡が出たら上下を返し(c)、焼き色がつくまで焼く。残り1コも同様に焼く。

a

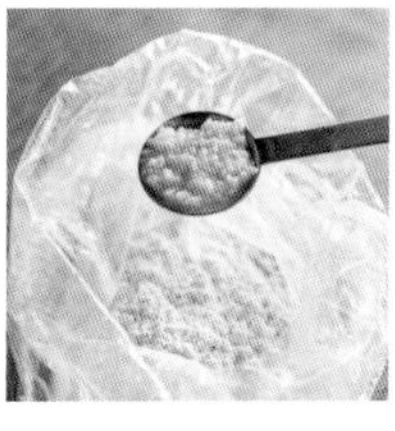

水とともに塩麹を加え、袋を振り混ぜて粉とよくなじませます。

b

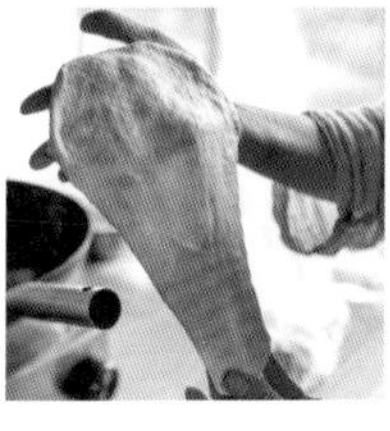

平らにした生地の片側をつまんでのばし、ナンの形に成形します。

c

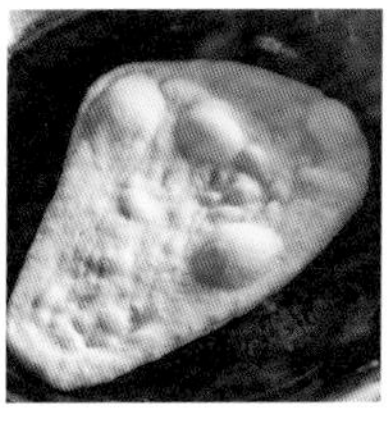

気泡が多く出ると、ふんわりとした焼き上がりになります。

# 梅酢ガスパチョ

切って混ぜるだけ、火元に立ちたくない夏にうれしいひんやりスープ。
味つけは酸味と塩みを兼ねた梅酢のみ。すっきりとした味に仕上がります。
自家製調味料のウメスコで、スパイシーな味の変化を楽しんでください。

**材料（2〜3人分）**

トマト……2コ（400g）
たまねぎ……1/4コ（50g）
A ｜オリーブ油……大さじ2
　｜梅酢……大さじ1
　｜にんにく……1/2かけ
きゅうり……1本（100g）
ピーマン……1/4コ（10g）
粗塩……1つまみ

110kcal　塩分1.1g　10分

**つくり方**

1. トマトはヘタを取り、4等分のくし形に切る。たまねぎ、Aとともにミキサーに入れ、なめらかになるまでかくはんし、ボウルに移す。
2. きゅうりはまな板にのせて粗塩をふり、両手で転がす（板ずり）。流水で粗塩をサッと洗い流し、粗みじんに切る。ピーマンはヘタと種を取り、粗みじんに切る。それぞれ飾り用に少し取り分けておき、1に加えて混ぜる。
3. 器に盛り、飾り用のきゅうりとピーマンを散らす。好みでウメスコ（分量外／下記参照）をかける。

スープの味変えに

ウメスコ

梅の香りの和風チリソース。

□ 材料（つくりやすい分量）
梅酢……100mℓ
一味とうがらし……10g
80kcal（全量）　塩分18.3g（全量）　3分*1
*1 なじませる時間は除く。

□ つくり方
保存瓶にすべての材料を入れ、ふたをしてよく振り、一晩おく。
memo 翌日から使えるが、2〜3日間は一味とうがらしが浮くので、使う前に振って混ぜる。常温で約半年間保存可能。

献立におすすめのひとしな

かじきのガーリック揚げ

→ つくり方はP.91

# なすのトロトロスープ

皮をむいてトロトロに煮たなすの、のどごしの心地よさを味わうスープです。
おいしく仕上げるには、酢水にさらしてアクを抜き、煮る間に出るアクも丁寧に除くこと。
たまねぎ、しょうがと一緒にカレー粉やターメリックを少々加えても。

**材料（2人分）**

なす……3コ（250g）
たまねぎ（みじん切り）……¼コ分（50g）
しょうが（みじん切り）……1かけ分（15g）
昆布水（P.07参照）……200mℓ
粗塩……小さじ1
◉酢・オリーブ油・こしょう

100kcal　塩分2.6g　25分

**つくり方**

1. なすは皮をむいて薄い輪切りにし、さらに細切りにする。酢少々を入れた水にサッとさらし(a)、水けをきる。

2. 鍋にオリーブ油大さじ1、たまねぎ、しょうがを入れて中火にかけ、たまねぎが透き通るまで炒める。なすを加え、クタッとするまでよく炒める(b)。

3. 昆布水と水を合わせて500mℓにし、2に加える。煮立ったらアクを取り、なすがトロッと柔らかくなるまで10分間ほど煮る。粗塩を加えて1～2分間煮る。こしょう少々をふり、味をみて足りなければ粗塩少々（分量外）で調える。

a

酢水にさらすと、きれいな翡翠《ひすい》色に仕上がります。

b

なすが油を程よく吸ってクタッとするまで、よく炒めます。

献立におすすめのひとしな

えびのスパイシー焼き

→ つくり方はP.92

# 白身魚とオクラの辛いスープ

白身魚を焼いたときに出る香ばしいうまみをだしにした、じんわりと辛いスープです。
魚に塩をして身をしめるのがコツ。煮くずれしにくくなり、スープに程よい塩けがつきます。
しめる時間は15分間から一晩（8時間）まで。長くしめるほど、おいしくなります。

**材料（2人分）**

白身魚（すずきなど／切り身）
……2切れ（200g）
トマト……2コ（400g）
オクラ……6～8本（60～80g）
にんにく（みじん切り）……1かけ分
たまねぎ（みじん切り）
……½コ分（100g）
赤とうがらし（種は除く）
……1～2本
粗塩……適量
◉オリーブ油・黒こしょう（粗びき）

320kcal　塩分1.4g　20分*1

*1 白身魚に塩をふっておく時間は除く。

**つくり方**

1. 白身魚は一口大に切り、粗塩小さじ½をまんべんなくふって15分間以上おき（a）、水けを軽く拭く。トマトはヘタを取り、粗みじんに切る。オクラはガクとヘタを取り、1cm厚さの小口切りにする。
2. 鍋にオリーブ油大さじ1½、にんにくを入れて弱火にかける。にんにくからシュワシュワと泡が出てきたら白身魚を加え、表面の色が変わるくらいにサッと両面を焼く。火を止め、白身魚を取り出す。
3. 2の鍋にオリーブ油大さじ½を足し、たまねぎを入れて中火にかけ、鍋肌についた焼き色をこそげるように炒める（b）。きれいにこそげたら、赤とうがらし、トマトを加えて炒める。トマトがくずれたら、水200mlを加えて煮立たせる。
4. 鍋に2の白身魚を戻して煮立たせ、アクを取りながら5分間ほど煮る。味をみて粗塩・黒こしょう各少々で調える。オクラを加え、ひと煮立ちさせる。

a

塩で少ししめるだけでも、くせが抜けてグッとおいしくなります。

b

鍋肌についた焼き色にはうまみがたっぷり。きれいにこそげて、たまねぎと混ぜます。

献立におすすめのひとしな

じゃがいものぺちゃんこ焼き

→ つくり方はP.92

# 冷や汁

本来の冷や汁はみそを焼いたり、焼き魚をすり混ぜたりと手間がかかりますが、
材料を混ぜるだけの「冷や汁の素《もと》」をストックすれば、食べたいときにいつでも楽しめます。
暑い日は濃いめの味につくり、氷をたくさん入れるのがおすすめです。

**材料（2人分）**

絹ごし豆腐……½丁（150g）
きゅうり……1本（100g）
みょうが……2コ（30g）
青じそ……5～6枚
冷や汁の素《もと》（下記参照）……半量
ご飯（冷ましたもの）……茶碗《わん》2杯分
粗塩……少々

410kcal　塩分3.4g　15分

**つくり方**

1. 豆腐は食べやすい大きさに切る。きゅうりはまな板にのせ、粗塩をふって転がし（板ずり）、サッと洗って薄い輪切りにする。みょうがは縦半分に切り、小口から薄切りにする。青じそはせん切りにする。

2. ボウルに冷や汁の素を入れ、冷水150～200mℓを少しずつ加えてよく混ぜる。途中で味をみて、水を加減して好みの濃さにする。豆腐、きゅうりを加えて器に盛り（冷や汁）、みょうがと青じそを添える。

3. ご飯に冷や汁をかけ、みょうがと青じそをのせて食べる。

→ 冷や汁の素

材料を混ぜるだけの
便利ストック。
熱湯で溶いて、
即席みそ汁にしても。

□ 材料（4人分）

みそ……100g
削り節……4袋（12g）
昆布粉（あれば）*1……小さじ1
すりごま（白）……30g

100kcal　塩分3.2g　5分

*1 昆布を粉末にしたもの。

□ つくり方

1. 削り節は袋の上からもんで粉状にする。
2. 保存容器にすべての材料を入れてゴムべらでよく混ぜ（a）、表面をならす。

memo 冷蔵庫で約3週間保存可能。

a

保存容器で材料を混ぜれば、後片付けも楽。

冷や汁の素《もと》でもうひとしな

# 豆乳冷や汁

冷や汁の素を豆乳で溶いて、そうめんにかけても。
そうめんはそばやうどんに、一味とうがらしはラー油やコチュジャンにかえてもおいしい。
食卓に冷や汁の素、豆乳、そうめん、薬味を並べて、好みでブレンドするのもおすすめです。
豆乳の量を少なくして冷や汁の素を濃いめに溶き、そうめんのつけだれにしても。

### 材料（2人分）

冷や汁の素（P.46参照）……半量
無調整豆乳……150〜200mℓ
A｜ごま油（茶）……小さじ1
　｜一味とうがらし……適量
そうめん……4ワ（200g）
細ねぎ（小口切り）……適量

520kcal　塩分3.7g　15分*1

*1 冷やす時間は除く。

### つくり方

1. ボウルに冷や汁の素を入れ、豆乳を少しずつ加えてよく混ぜる（a）。途中で味をみて、豆乳を加減して好みの濃さにする。Aを加えて混ぜ、ラップをして冷蔵庫に入れるか氷を入れて冷やす。

2. そうめんは袋の表示どおりにゆでて流水で洗い、ざるに上げて器に盛る。別の器に1を入れて細ねぎを散らし、適量をそうめんにかけて食べる。

a

豆乳を一気に混ぜるとダマになりやすいので、少しずつ加えてなじませます。

冷や汁の味変えに

**いりツナ**

豆乳冷や汁に加えると、うまみもボリュームもアップします。

□ 材料（2人分）

ツナ（缶詰／水煮）……1缶（70g）
●酒

35kcal　塩分0.2g　10分

□ つくり方

ツナは缶汁ごと鍋に入れ、酒小さじ2を加えて中火にかけ、水分がなくなるまでいる。

献立におすすめのひとしな

## 野菜の塩水漬け

野菜は塩水につけると甘みが増し、色よく仕上がり、パリパリの食感に。ほんのり塩けを感じる味です。

□ 材料（2人分）

なす……1コ（100g）
きゅうり……1本（100g）
パプリカ（赤）……¼コ（30g）
塩水（3％濃度）
｜水……500mℓ
｜粗塩……大さじ1

25kcal　塩分1.1g　5分*1

*1 野菜を塩水につけておく時間は除く。

□ つくり方

1. なすはヘタを取り、薄い輪切りにする。きゅうりも薄い輪切りにする。パプリカはヘタと種を取り、横に細切りにする。
2. ボウルに塩水の材料を混ぜて粗塩を溶かし、1を加えて15分間以上おく。
3. 野菜がしんなりしたら水けを絞り、器に盛る。好みで、ごま油（茶）やしょうゆをかけたり、しょうが（すりおろす）をのせても（すべて分量外）。「豆乳冷や汁」（上記参照）に加えてもおいしい。

memo 保存容器に入れて冷蔵庫で約1週間保存可能。

# 大切な人につくってあげたい
# 癒しのスープ献立

春

スープともうひとしなのシンプルな季節の献立で、
思いやりのおもてなし。
大切な誰かの心身をやさしく潤しましょう。

## 新たまねぎのスープと、かつおのオイル煮の食卓

新生活の緊張をほぐしてあげたい

たまねぎとかつおは疲労回復におすすめの組み合わせ。
新しい環境での緊張や疲れをほぐして、ホッとさせたいときに。

## 01

### 新たまねぎのスープ

新たまねぎは水分が出て
クッタリするまで炒め、
うまみと甘みを
スープに出します。

□ 材料（２人分）

新たまねぎ……２コ（400g）
えのきだけ……½袋（50g）
A | にんにく……½かけ
　| 好みの植物油……大さじ１
昆布水（P.07参照）……150mℓ
粗塩……適量
◉こしょう

150kcal　塩分1.4g　30分

□ つくり方

❶ たまねぎは１cm角に切る。えのきは根元を除いて１cm幅に切る。
❷ 鍋にAを入れて弱火にかける。鍋を傾けながら、にんにくから泡が出てから１〜２分間加熱する。えのきを加え、しんなりするまで中火で炒める。
❸ たまねぎを加え、透き通るまで5分間ほどじっくりと炒める。粗塩小さじ½を加えてなじませ、昆布水と水を合わせて400mℓにして加える。弱火にし、沸騰したらアクを取る。
❹ ふたをして10〜15分間、たまねぎが柔らかくなるまで煮る。味をみて、粗塩・こしょう各少々で調える。

## 02

### かつおのオイル煮

かつおの自家製ツナです。
スライスして煮る時短レシピで、
油も最小限に抑えられます。

□ 材料（つくりやすい分量）

かつお（刺身用）……½節（200g）
粗塩……小さじ１弱
　　（４g／かつおの重量の２％）
好みの植物油……適量
A | ローリエ……１枚
　| にんにく（半分に切る）
　| 　……１かけ分
　| 赤とうがらし（種は除く）……１本

420kcal（全量）　塩分2.9g（全量）
10分*1

*1 かつおに粗塩をふっておく時間、冷ます時間は除く。

□ つくり方

❶ かつおは粗塩をまんべんなくふり、15分間ほどおいて水けを拭き、１cm厚さに切る。
❷ 直《じか》火対応のホウロウ容器（または小鍋）に植物油を薄くひき、かつおを並べてAを加える。かつおが完全にかぶるまで植物油を加え、弱めの中火にかける。
❸ フツフツとしてきたらごく弱火にし、かつおの上下を返す。表面が白くなるまで５〜６分間煮て火を止め、そのまま冷ます。冷めたら食べられるが、冷蔵庫で一晩おくとさらにおいしい。好みでパンや野菜と食べる。

memo かつおに油がかぶった状態にして保存容器に入れ、冷蔵庫で4〜5日間保存可能。残ったオイルは炒め物やパスタに活用できる。

# 夏

## モロヘイヤとオクラの冷たいスープと、とうもろこしご飯の食卓

夏バテを解消してあげたい

ネバネバ野菜は滋養たっぷり。疲労回復や胃腸にやさしい成分が含まれます。
夏バテで食欲が減退したときや元気をつけたいときに。

## 01

### モロヘイヤとオクラの冷たいスープ

程よいとろみで、
さっぱりとした口当たり。
ご飯にかけたり、
そうめんのつけだれにしても。

□ 材料（2人分）

モロヘイヤ……100g
オクラ……5本（50g）
昆布水（P.07参照）……100mℓ
A 酒……大さじ2
　しょうゆ……大さじ1½
　みりん……大さじ1

60kcal　塩分2.2g　10分*1

*1 粗熱を取る時間、冷やす時間は除く。

□ つくり方

1. 昆布水と水を合わせて200mℓにし、鍋に入れてAを加え、強火にかける。煮立ったらアクを取り、火から下ろす。粗熱を取り、冷蔵庫で冷やす。
2. モロヘイヤは堅い部分を切り落とし、熱湯で2〜4分間、クタッとなるまでゆでる。水にさらしてざるに上げ、水けをきる。包丁で細かくたたいて粘りを出す。オクラは熱湯でサッとゆでて水にさらし、薄い小口切りにする。
3. 1に2を加えて混ぜる。味をみて足りなければ、しょうゆ少々（分量外）で調える。

## 02

### とうもろこしご飯

芯からうまみが出るので、
一緒に炊くのがポイントです。

□ 材料（3〜4人分）

とうもろこし……1本（300g）
米……360mℓ（2合）
粗塩……小さじ⅔
◉酒・ごま油（茶）・しょうゆ

310kcal　塩分0.9g　10分*1

*1 米を浸水させる時間、炊く時間は除く。

□ つくり方

1. 米は洗って炊飯器の内釜に入れ、2合の目盛りまで水を注ぐ。水を大さじ1減らして酒大さじ1を加え、30分間以上浸水させる。
2. とうもろこしは長さを半分に切り、実を包丁でそぎ落とす（芯はとっておく）。粗塩とともに1に加え、中央に芯をのせて炊く。
3. 炊き上がったら芯を取り除き、全体をサックリと混ぜる。器に盛り、ごま油・しょうゆ各少々をふる。

# 秋

## 焼きみそスープと、焼きしいたけご飯の食卓

腸を元気にしてあげたい

食物繊維が豊富で低エネルギーのしいたけを軸とかさに分けて2品に。
季節の変わり目に体をリセットしたいときにおすすめの献立です。

## 01

### 焼きみそスープ

手で裂いたしいたけの軸から
うまみがたっぷり出て、
いつものみそ汁よりも、
滋味深い味わいになります。

□ 材料（2人分）

生しいたけの軸……5～6枚分（15g）
ねぎ（柔らかい部分）……2本分（100g）
小松菜……1株（50g）
昆布水（P.07参照）……75mℓ
絹ごし豆腐……½丁（150g）
すりごま（白）……大さじ1
●ごま油・みそ・こしょう
180kcal　塩分2.5g　15分

□ つくり方

❶ しいたけの軸は石づきを除き、縦に細く手で裂く。ねぎと小松菜は1cm幅に切る。
❷ 鍋にごま油大さじ1、しいたけの軸、ねぎを重ならないように並べて弱火でじっくりと焼く。うっすらと焼き色がついたら、脇に寄せる。あいたところにみそ大さじ2を加え、時々みそをかき混ぜながら、香りがたつまで焼く。
❸ 昆布水と水を合わせて300mℓにして2に加え、中火にする。鍋についたみそをこそげ取って混ぜ、豆腐をスプーンで大きめの一口大にすくって加える。煮立ったらアクを取り、小松菜を加える。ひと煮立ちさせたら火を止め、味をみて足りなければ粗塩少々（分量外）で調える。すりごま、こしょう少々を加える。

## 02

### 焼きしいたけご飯

焼きしいたけに
しょうゆと削り節が
よくしみ込んで、
炊き込みご飯のようです。

□ 材料（2人分）

生しいたけのかさ
……5～6枚分（80g）
A｜しょうゆ……大さじ1
　｜削り節……1袋（3g）
ご飯（温かいもの）……茶碗《わん》2杯分
七味とうがらし……適宜
270kcal　塩分1.3g　15分

□ つくり方

❶ 焼きしいたけをつくる。しいたけのかさは、できるだけ細かく手で裂く。オーブントースターの天板にオーブン用の紙を敷き、しいたけを重ならないように広げる。よく温めたオーブントースターで5分間ほど焼く。ざっとかき混ぜ、さらにオーブントースターで5分間ほど焼いて水分をとばす。熱いうちにAをまぶし、味をしみ込ませる。
❷ ご飯に1の焼きしいたけを加えて混ぜ、器に盛る。好みで七味とうがらしをふる。

焼きしいたけ

生しいたけと干ししいたけの中間のようなおもしろい食感。手で裂くと味がよくしみ込みます。オリーブ油と一緒にパスタをあえても。
memo 保存容器に入れて冷蔵庫で約1週間保存可能。

大切な人につくってあげたい
癒しのスープ献立

# 冬

## ブロッコリースープと、たらのカレーご飯の食卓

かぜから守ってあげたい

ブロッコリーとたらには、かぜ予防にも役立つビタミン類が豊富。
体を温めるカレー粉も取り入れた、冬の寒さを元気に乗り切る献立です。

## 01

### ブロッコリースープ

塩だらのうまみが出た
ゆで汁をスープに。
ブロッコリーは少しクタッと
するくらいに煮ると美味。

□ 材料（２人分）

ブロッコリー……½コ（正味150g）
A | 水……200mℓ
| 酒……50mℓ
| 粗塩……小さじ½
塩だら（切り身）
……３切れ（200〜250g）
にんにく（薄切り）……１かけ分
昆布水（P.07参照）……100mℓ
◉こしょう・オリーブ油

35kcal　塩分2.0g　15分

□ つくり方

❶ ブロッコリーは小房に分ける。
❷ 鍋にAを混ぜて粗塩を溶かす。塩だら、にんにくを加えて弱火にかける。煮立ってから２分間ゆでて火を止め、たらを取り出す。
memo 塩だらは冷たいところからゆでて、スープにうまみを出す。
❸ 昆布水と水を合わせて200mℓにし、２のゆで汁に加えて強火にかける。煮立ったらアクをしっかり取り除く。
❹ ３にブロッコリーを加えて再び煮立たせ、さらにアクを取り除く。弱火にしてふたをし、ブロッコリーが柔らかくなるまで６〜７分間煮る。味をみて足りなければ粗塩少々（分量外）で調える。器に盛り、好みでこしょう・オリーブ油各適量をふる。

## 02

### たらのカレーご飯

スープをとった塩だらは
ご飯物に。
塩けが程よく抜けて、
身はフワフワです。

□ 材料（２人分）

ご飯（温かいもの）……茶碗《わん》２杯分
「ブロッコリースープ」で
ゆでた塩だら（上記参照）……全量
カレーオイル（つくりやすい分量）
| ごま油（白／またはオリーブ油）
| ……50mℓ
| カレー粉……小さじ２
| にんにく（薄切り）……１かけ分
細ねぎ（小口切り）……適量
レモン（搾りやすく切る）……適量
◉しょうゆ

380kcal　塩分1.9g　10分

□ つくり方

❶ 小鍋にカレーオイルの材料を混ぜ、弱火にかける。シュワシュワと泡が出てきてから１分間煮て、火を止める。
❷ ゆでた塩だらは皮と骨を除き、食べやすい大きさにほぐす。
❸ 器にご飯を盛り、２をのせる。細ねぎをたっぷりのせ、１のカレーオイル・しょうゆ各適量を回しかけ、レモンを搾る。

カレーオイル

炒め物やパスタ、チャーハンの香味油にも活用できます。食パンにかけてトーストするのもおすすめです。
memo 清潔な保存瓶に入れ、冷蔵庫で約２週間保存可能。

# 秋のスープ

CHAPTER 3

木々は色づき、心が豊かに満ちていく実りの季節。
旬を迎える根菜やきのこの滋味あふれるおいしさをスープで堪能します。
食欲の秋は食べすぎが心配になりますが、
肉や乳製品を使わずとも満足できるシチューやポタージュは、食後も軽やかです。

ぶどうとレタスのサラダ

→ つくり方はP.60

根菜のブラウンシチュー

→ つくり方はP.60

# 根菜のブラウンシチュー

バターやデミグラスソース、赤ワインを使っていないとは思えないほど、
コクのある味わいです。甘みづけには砂糖ではなく、みりんを使うのがポイント。
十分にコクがつき、つやが出て、グッとシチューらしくなります。

**材料（2人分）**

たまねぎ……½コ（100g）
大根……2cm（75g）
にんじん……⅓本（50g）
里芋……2コ（70g）
トマト……（小）1コ（100g）
にんにく（みじん切り）……1かけ分
ブロッコリー（小房に分ける）
……2〜4切れ
粗塩……適量
好みの植物油……大さじ1
昆布水（P.07参照）……150mℓ
ルー
　地粉《じごな》*1……大さじ2
　好みの植物油……大さじ1⅓
●しょうゆ・みりん・こしょう

280kcal　塩分1.5g　35分

*1 同量の米粉や薄力粉でも代用できる。

**つくり方**

1. たまねぎは繊維に垂直に薄切りにする。大根、にんじんは小さめの乱切りにする。里芋は一口大に切り、粗塩2つまみをまぶす。トマトはヘタを取り、みじん切りにする。
2. 鍋に植物油、たまねぎ、にんにくを入れて中火で炒める。たまねぎがしんなりしたら、大根、にんじんを加えてサッと炒め、トマトも加える。
3. 昆布水と水を合わせて250mℓにし、2に加える。里芋をサッと洗って加え、煮立ったらアクを取って火を弱める。ふたをして野菜が柔らかくなるまで15分間ほど煮る。
4. ルーをつくる。フライパンにルーの材料を入れてダマがなくなるまで混ぜ(a)、中火にかける(b)。つやが出てキャラメル色になるまで炒める(c)。
5. 3に4を加えて混ぜ、しょうゆ・みりん各大さじ1を加え、とろみがつくまで煮る。ブロッコリーを加え、1分間煮る。こしょう少々をふり、味をみて粗塩少々で調える。

**献立におすすめのひとしな**

## ぶどうとレタスのサラダ

ぶどうの爽やかな甘みがアクセントの
グリーンサラダです。

□ 材料（2人分）
ぶどう（皮ごと食べられるもの）……10粒
好みのレタス……5〜6枚
たまねぎドレッシング
　たまねぎ（すりおろす）……大さじ2
　酢……大さじ1
　はちみつ……小さじ1
　粗塩……小さじ⅓
　ごま油（白）……大さじ2

170kcal　塩分0.8g　10分

a

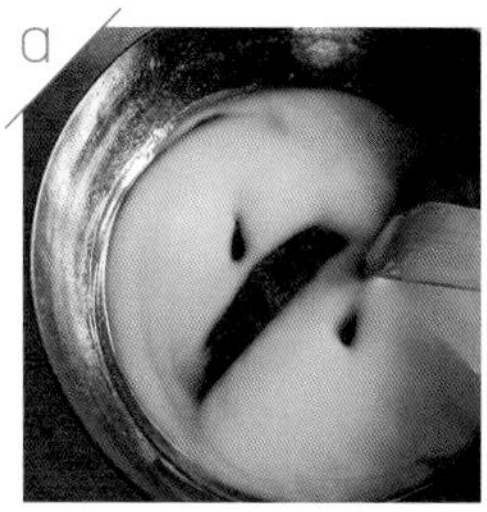

なめらかになってから火にかけると、口当たりよく仕上がります。

b

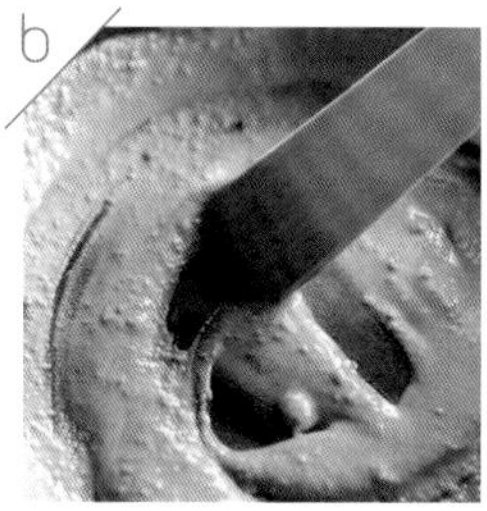

火にかけて混ぜるうちに、色づいてきます。

c

ルーの完成。途中で焦げそうになったら火を止め、かき混ぜてください。

□ つくり方

1 たまねぎドレッシングをつくる。ボウルにたまねぎから粗塩までを入れ、泡立て器でよく混ぜる。ごま油を加え、油が浮かなくなるまでよく混ぜる。

memo 空き瓶に材料をすべて入れ、ふたをして振り混ぜてもよい。

2 レタスは水に放ってパリッとさせ、水けをきる。ぶどうは皮ごと縦半分に切る。レタスをちぎって器に盛り、ぶどうを散らし、1をかける。

## たまねぎドレッシング

どんなサラダにも合う
万能なドレッシングです。
2倍量でつくってストックしても。

memo 保存瓶に入れて冷蔵庫で約1週間保存可能。

# きのこのちぎり麺スープ

昆布水を使わなくても、きのこのうまみで十分においしい、すいとん風スープ。
麺はポリ袋で生地をつくって手でちぎるので、道具いらずで簡単にできます。
きのこは1/3量に減るまでじっくりと炒めてから煮るのが、うまみを引き出すコツ。

**材料（2人分）**

ちぎり麺

- 地粉《じごな》*1……100g
- 粗塩……２つまみ
- 水……50mℓ
- 好みの植物油……小さじ１

好みのきのこ
（生しいたけ、しめじ、えのきだけなど）
……（合わせて）300g

A
- 好みの植物油……大さじ１
- にんにく（薄切り）……１かけ分

B
- 酒……大さじ３
- しょうゆ……大さじ１1/2

粗塩……適量

◉黒こしょう（粗びき）

300kcal　塩分2.4g　35分*2

*1 同量の中力粉、または強力粉と薄力粉を同割で混ぜたもので代用できる。
*2 ちぎり麺をねかせる時間は除く。

**☑ ちぎり麺が余ったら**

ポリ袋に入れて口を結び、冷蔵庫で約２日間、冷凍庫で約１か月間保存可能。熱湯でゆでて、ごま油（茶）・しょうゆ・削り節や、オリーブ油・粗塩・ドライハーブをまぶして食べても。

**ちぎり麺をつくる**

① ポリ袋に地粉と粗塩を入れる。空気を入れて口をねじり、軽く振る。分量の水を加え、ポロポロになるまでよく振り混ぜる（a）。

② 袋の口を開けて空気を抜き、袋の上から両手でもむ。なめらかになったら植物油を加える。生地が袋にくっつかずに油浮きしなくなるまで、よくもんでまとめる（b）。袋の口を結び、常温で15分間以上ねかせる。

**スープをつくる**

③ きのこは石づきや根元を除き、食べやすい大きさに切るか、ほぐす。鍋にAを入れて弱火にかけ、香りがたったら、きのこを加えて中火にし、かさが1/3量以下になるまで5分間ほどしっかりと炒める。Bを加えてひと煮立ちさせ、水500mℓを加えて弱火にする。煮立ったら強火にしてアクを取る。

④ 2を好みの大きさにちぎり、両手で薄くのばして3に加える（c）。５分間ほどして浮いてきたら、味をみて粗塩で調える。器に盛り、黒こしょう少々をふる。

a
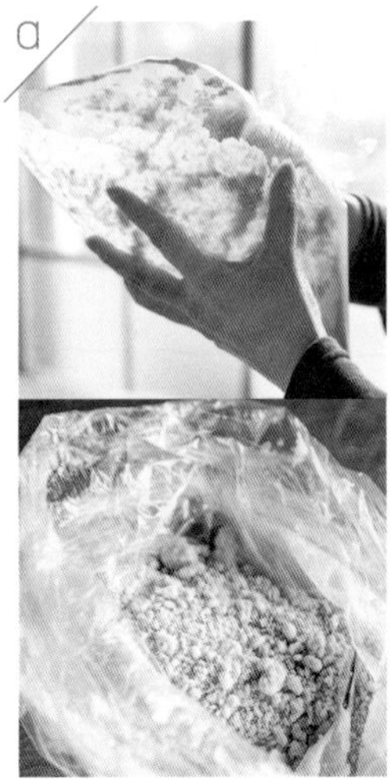
粉と水が自然に混ざり合い、細かい塊状になります。

b
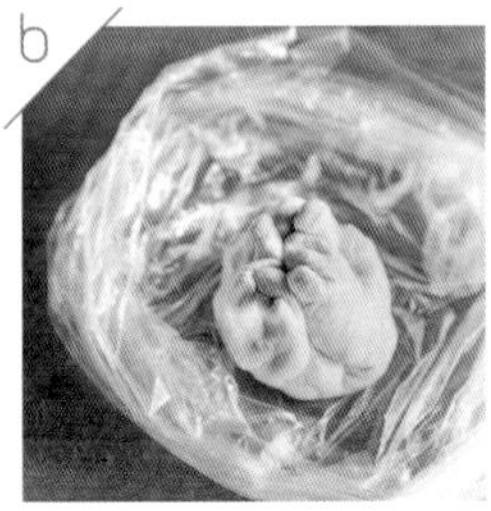
生地に油がなじんで、自然に袋から離れてまとまります。

c
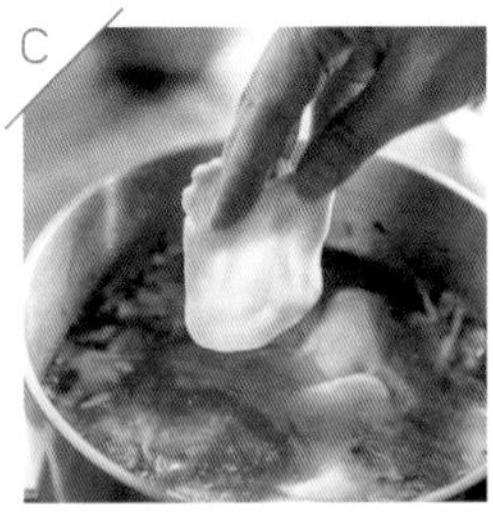
両手で生地を引っ張るようにして薄くのばし、スープに加えます。

献立におすすめのひとしな

豆腐とくるみのサラダ

→ つくり方はP.92

# お米のガーリックスープ

お米の程よい食感がアクセントになり、スープに自然なとろみがつきます。
にんにくは根元側に切り込みを入れてじっくり加熱すると、
うまみはしっかり出て、においは強く出すぎることはありません。

**材料（2人分）**

米……大さじ2
にんにく……5かけ
たまねぎ……1コ（200g）
なす……2コ（200g）
さやいんげん……5本（40g）
トマト……（小）1コ（100g）
赤とうがらし
（半分に切って種を取る）
……1～2本分
粗塩……適量
好みの植物油……大さじ2
昆布水（P.07参照）……200mℓ
◉こしょう

250kcal　塩分1.6g　45分*1
*1 なすを塩水にさらす時間は除く。

**つくり方**

1. 米はサッと洗って水けをきる。にんにくは根元側に1本切り込みを入れる(a)。たまねぎは縦半分に切り、繊維に垂直に薄切りにする。なすはヘタを取り、皮をむいて1cm角に切り、2％濃度の塩水（水500mℓにつき粗塩小さじ2）に10分間さらし、水けをきる。いんげんは筋を取って1cm幅の小口切りに切る。トマトはヘタを取って1cm角に切る。

2. 鍋に植物油とにんにくを入れて弱火にかけ、鍋を傾けながら泡が出なくなるまで5分間ほどじっくりと火を通す(b)。たまねぎと米を加え(c)、透明感が出るまで中火でよく炒める。なす、赤とうがらしを加えてサッと炒める。

3. 昆布水と水を合わせて500mℓにして2に加え、煮立ったらアクを取る。にんにくがへらでつぶれるくらいにトロッと柔らかくなるまで、弱火で15～20分間煮る。いんげんとトマトを加えてひと煮立ちさせ、味をみて粗塩・こしょう各少々で調える。器に盛り、にんにくをつぶしながら食べる。

a
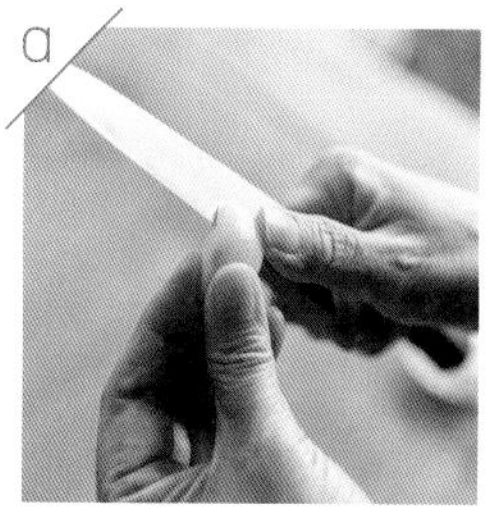
根元側の丸みのある部分に切り込みを入れます。

b

にんにくから泡が出なくなったら、エキス抽出終了のサイン。

c

にんにくのうまみが出たら、とろみづけの米を加えます。

**献立におすすめのひとしな**

さけのアーモンド焼き

→ つくり方はP.93

# 五目とろろ汁

きのこと根菜を加えた、具だくさんのとろろ汁。麦ご飯にかけ、薬味をのせていただきます。
もっと食べごたえを出したければ、こんにゃくや油揚げを加え、ゆでた青菜を彩りに添えて。
調味料を少し増やして濃いめの味にして、そばやそうめんのつけ汁にしても。

**材料（2～3人分）**

長芋*1……½本（250g）
生しいたけ……3枚
にんじん……⅓本（50g）
れんこん……¼節（50g）
昆布水（P.07参照）……100mℓ
麦ご飯（下記参照）……適量
しょうが（すりおろす）・
　青ねぎ（小口切り）……各適量
◉酒・しょうゆ

380kcal　塩分1.3g　15分*2

*1 大和芋やじねんじょでも代用できる。どちらも長芋より粘りが強いのでスープは少しずつ加えて混ぜる。
*2 冷ます時間は除く。

**つくり方**

1. しいたけは軸を取り、5㎜幅に切る。にんじん、れんこんは5㎜厚さの輪切りにし、大きいものは半月形かいちょう形に切る。

2. 鍋に1を入れ、昆布水と水を合わせて200mℓにして加え、中火にかける。沸騰したらアクを取り、5分間煮る。酒・しょうゆ各大さじ1を加え、煮立ったら火を止めて冷ます。

3. 長芋はボウルにすりおろし、2を加えてよく混ぜる(a)。味をみて足りなければしょうゆ少々で調えて器に盛る。麦ご飯にかけ、しょうがと青ねぎをのせて食べる。

memo 味変えに下記の「梅びしお」を加えても。

a

全体がなじむまで、よく混ぜ合わせます。

→ 麦ご飯

□ 材料（3～4人分）とつくり方

❶ 米360mℓ（2合）は洗って炊飯器の内釜に入れ、2合の目盛りまで水を注ぐ。押し麦大さじ4（40g）は小さなボウルに入れ、水をたっぷりと注ぐ。どちらも30分間以上浸水させる。
❷ 押し麦の水けをよくきって米に加え、軽く混ぜる。水大さじ4、粗塩2つまみを加えて炊く。

300kcal　塩分0.2g　5分*1

*1 米と押し麦を浸水させる時間、炊く時間は除く。

**献立におすすめのひとしな**

梅びしお

→ つくり方はP.93

# エリンギのポタージュ

エリンギの濃厚すぎない程よいうまみを凝縮した、上品な深みのあるポタージュスープです。
エリンギをよく炒めることと、ふたをせずに煮ることが、くさみを出さずにおいしく仕上げるコツ。
暑い時季は冷たい豆乳を混ぜて、コールドスープとしても楽しめます。

**材料（2人分）**

エリンギ……1パック（150g）
たまねぎ……1コ（200g）
にんにく（薄切り）……1かけ分
ごま油（白）……大さじ2
昆布水（P.07参照）……100mℓ
無調整豆乳……100mℓ
◉しょうゆ・黒こしょう（粗びき）

210kcal　塩分1.1g　30分*1

*1 粗熱を取る時間は除く。

**つくり方**

1. エリンギは長さを2～3等分にして縦に薄切りにする。たまねぎは縦半分に切り、繊維に垂直に薄切りにする。
2. 鍋にごま油、たまねぎ、にんにくを入れて中火で炒める。たまねぎがしんなりしたらエリンギを加え、エリンギに透明感が出るまでよく炒める。しょうゆ小さじ2を加え(a)、こんがりと香ばしい香りがするまで炒める(b)。
3. 昆布水と水を合わせて300mℓにして2に加え、強火にかける。煮立ったらアクをしっかりと取って弱火にし、10分間ほど煮る。途中もアクを時々取り除く。火を止めて粗熱を取る。
4. 3を煮汁ごとミキサーでかくはんする。鍋に戻して豆乳を加え(c)、弱火にかけて沸騰直前まで温める。味をみて足りなければ粗塩少々（分量外）で調えて器に盛り、黒こしょう少々をふる。

memo 豆乳を加える前の状態で保存もできる。冷蔵庫で4～5日間保存可能。

a

炒め足りないとスープにくさみが出るので、よく炒めてからしょうゆを加えます。

b

しょうゆをからめながら、香ばしく炒めてコクをつけます。

c
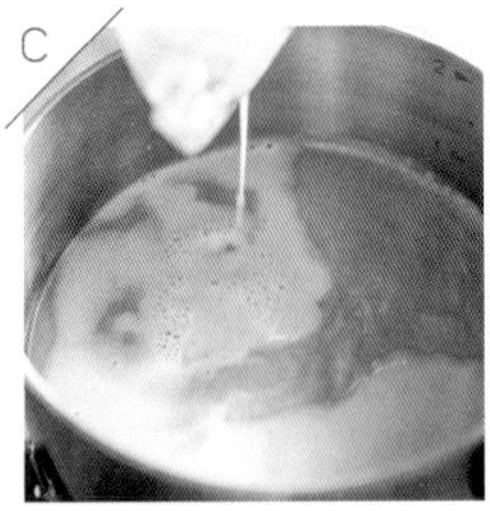
豆乳が分離しやすいので、豆乳を加えたら煮立たせないように気をつけて。

献立におすすめのひとしな

オイルサーディンのサンドイッチ

→ つくり方はP.93

CHAPTER 4

# 冬のスープ

冬こそ、スープが真骨頂を発揮する季節。体が芯から温まり、五《ご》臓《ぞう》六《ろっ》腑《ぷ》が喜びます。
にんにく、しょうがはくさみや苦みなどの短所は抑えて、エキスはたっぷり抽出。
甘酒、白みそ、酒かすで適度なコクをつけ、じんわりとやさしく温めます。
鍋から漂う湯気やにおいに包まれる時間も、幸せなひとときです。

アイオリソース
→ つくり方はP.72

ブイヤベース
→ つくり方はP.72

# ブイヤベース

本格的なブイヤベースは手間がかかりますが、家庭で手軽に楽しめるレシピを紹介します。
魚介は2種類だけでも、昆布水のうまみで十分においしく満足できる味わいです。
本来はサフランという高価なスパイスを使いますが、セロリで風味よく仕上げます。

**材料（2人分）**

白身魚*1（切り身）……2切れ（160g）
あさり（砂抜きをしたもの）……200g
たまねぎ（みじん切り）……½コ分（100g）
セロリ（みじん切り）……½本分（50g）
粗塩……適量
白ワイン……50mℓ
昆布水（P.07参照）……100mℓ
にんにく……1かけ
トマトの水煮（缶詰／カットタイプ）
……½缶（200g）
ブロッコリー（小房に分ける）……4切れ
セロリの葉（粗みじん切り）……適宜
◉オリーブ油・こしょう

250kcal　塩分2.8g　25分*2

*1 たい、たらなど好みのもの。
*2 白身魚に塩をふっておく時間は除く。

**つくり方**

1. 白身魚は半分に切り、粗塩小さじ⅓をふって10分間くらいおき、水けを拭く。あさりは殻をこすり合わせて洗う。
2. 鍋にオリーブ油大さじ1、たまねぎ、セロリを入れて中火にかけ、たまねぎが透き通るまでよく炒める。白身魚、あさり(a)、白ワインを加える。
3. 昆布水と水を合わせて300mℓにして加え、にんにくも加えて(b) ふたをせずに煮る。あさりの口が開いたら火を止め、あさりを取り出す。
4. 3にトマトの水煮と粗塩小さじ½を加え(c)、中火にかける。煮立ったら弱火にし、アクを取りながら10分間煮る。にんにくを取り出し（下記「アイオリソース」に活用）、あさりを戻してブロッコリーを加え、サッと煮る。味をみて粗塩・こしょう各少々で調える。器に盛り、好みでセロリの葉を散らす。

スープの味変えに

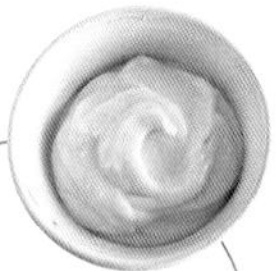

## アイオリソース

豆腐がベースでオイル少なめ、
ヘルシーなアイオリソースです。
野菜のディップや魚介料理、
パスタのソースとしても楽しめます。

□ 材料（つくりやすい分量）
にんにく（「ブイヤベース」から取り出したもの）*1……1かけ
絹ごし豆腐……¼丁（50g）
A｜はちみつ……小さじ1
　｜粗塩……小さじ½
　｜こしょう……適量
オリーブ油……75mℓ
レモン汁……小さじ1

680kcal（全量）　塩分2.4g（全量）　10分

*1 生のにんにくでつくる場合は、小鍋に入れてかぶるくらいの水を加えて中火で沸騰させ、弱火にして柔らかくなるまで15〜20分間ゆでるとよい。

a

野菜を炒めて甘みを出し、魚介を加えて冷たい状態から煮てうまみを出します。

b

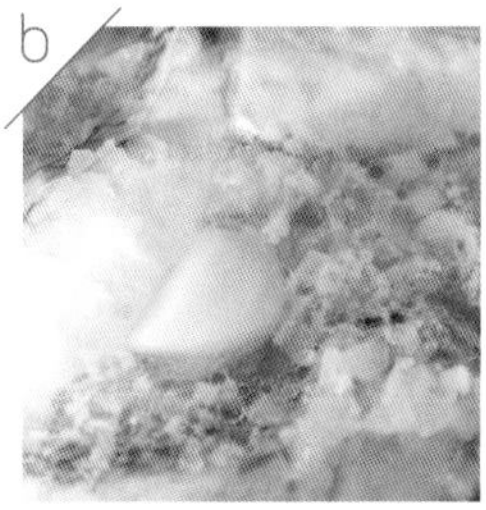

にんにくは切り込みを入れずに丸のまま加え、あとで取り出してアイオリソースに活用します。

c

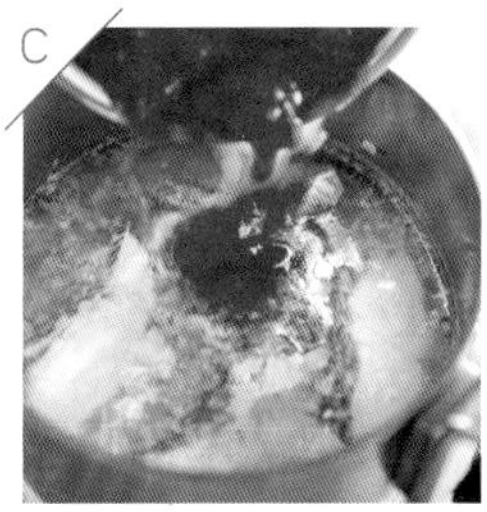

あさりが堅くならないように、いったん取り出してからトマトを加えて煮ます。

□ つくり方

❶ ボウルに豆腐を入れ、なめらかになるまで泡立て器でよく混ぜる。Aを加えてペースト状になるまでよく混ぜる。オリーブ油を少しずつ加え、全体がなじんでトロリとするまで混ぜる。

❷ にんにくをスプーンの背でよくつぶして1に加え、レモン汁も加えてなめらかになるまでよく混ぜ、器に盛る。スープに直接加えたり、パンに塗ってスープに浸したりして食べる。

# にんにくの澄ましスープ

にんにく特有のにおいはまったくなく、まるでコンソメスープのような極上の味。
1かけずつにばらして薄皮をむいただけで丸のまま煮て、うまみだけを抽出するのがポイントです。
調味料は最初から入れておくと、塩分の浸透圧で、にんにくのうまみがしっかり引き出せます。

**材料（4人分）**

にんにく……1コ（50g）
昆布水（P.07参照）……300mℓ
A　酒……大さじ2
　　しょうゆ……小さじ2
　　粗塩……小さじ½
　　ローリエ……⅓枚
◉こしょう

5kcal　塩分1.2g　45分

**つくり方**

1. にんにくは皮をむいて1かけずつに分け、根元の堅い部分を残して、傷をつけないように気をつけながら薄皮をむく(a)。
2. 昆布水と水を合わせて1ℓにし、1、Aとともに鍋に入れてふたをし、ごく弱火にかける。沸騰したらふたを取ってアクを取り、再度ふたをして30分間煮る。
3. にんにくとローリエを取り出し、味をみて足りなければ粗塩少々(分量外)で調え、こしょう少々をふる。

memo 取り出したにんにくは下記の「和風バーニャカウダ」に活用するとよい。

a
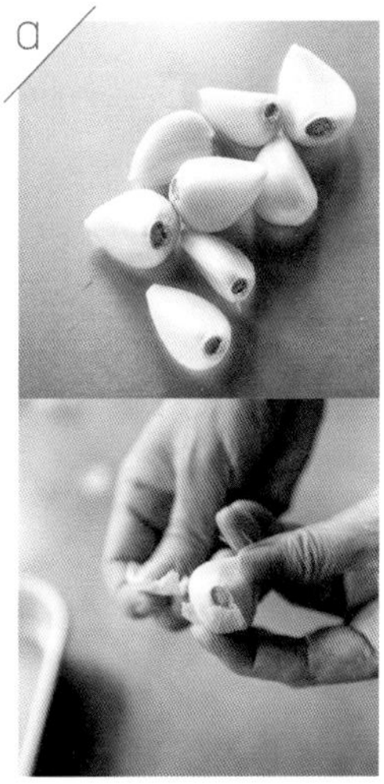

根元は切り落とさないで薄皮をむきます。傷をつけるとにおいが発生するので、慎重に。

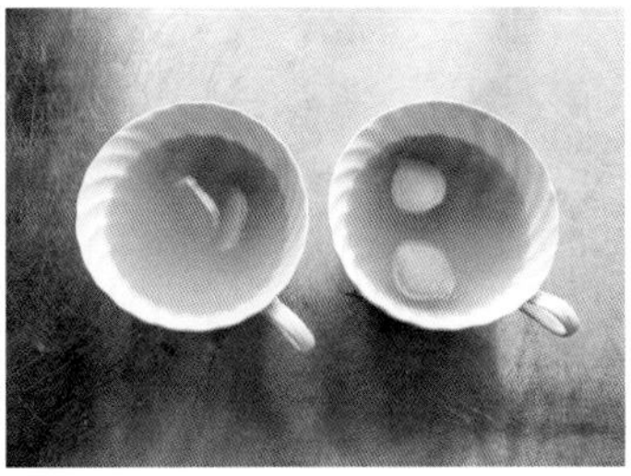

## にんにくとしょうがのスープ

「にんにくの澄ましスープ」のローリエをしょうが(薄切り)10gにかえると、しょうが風味のスープになります。
体が温まるので、寒い冬におすすめです。

**献立におすすめのひとしな**

和風バーニャカウダ

→ つくり方はP.94

# えびれんこんだんごスープ

えびれんこんだんごからうまみが出るので、スープの味つけはシンプルで十分。
れんこんはすりおろして加熱するとモッチリとし、つなぎの役目を果たします。
えびはよくたたき、よく練り混ぜるのが、おいしく仕上げるポイントです。

**材料（2人分）**

むきえび……200g
れんこん……½節（100g）
しょうが……15g
小松菜……½ワ（75g）
A　地粉《じごな》*1……25g
　てんさい糖・ごま油（茶）
　　……各小さじ1
　粗塩……小さじ⅔
昆布水（P.07参照）……150mℓ
粗塩……少々
●酒・こしょう

200kcal　塩分2.9g　20分

*1 同量の薄力粉で代用できる。

**つくり方**

1. むきえびは背ワタを除き、包丁で細かくたたく(a)。れんこんはすりおろす。しょうがは皮ごとすりおろす。小松菜は2cm長さに切る。
2. ボウルにえび、れんこん、しょうがとAを入れ、スプーンで粘りが出るまでよく練り混ぜる。
3. 昆布水と水を合わせて550mℓにして鍋に入れ、酒50mℓを加えて中火にかける。煮立ったら、2をスプーン2本で一口大に丸めて落とし入れる(b)。浮き上がったらアクを取り、2〜3分間煮て、粗塩、こしょう少々で味を調える。
4. 小松菜を加え、ひと煮立ちさせたら火を止める。

a

えびは食感が少し残るくらいまで、細かくたたきます。

b

2本のスプーンでだんご状に成形しながら、次々と煮汁に落とし入れます。

献立におすすめのひとしな

根菜こんにゃく揚げマリネ

→ つくり方はP.94

# かぶのジンジャースープ

かぶのトロッとした柔らかさと程よいとろみで、口当たりのやさしいスープです。
しょうがは仕上げに加え、ひと煮立ちさせて辛みをやわらげます。
しょうがの辛みを生かしたいなら、火を止めてから加えてください。

**材料（2人分）**

かぶ（葉は除く）*1……3コ（300g）
帆立て貝柱の水煮（缶詰／ほぐしたもの）……1缶（120g）
昆布水（P.07参照）……100mℓ
しょうが（すりおろす）……大さじ1
粗塩……少々
◉酒・かたくり粉・しょうゆ

120kcal　塩分1.9g　20分

*1 葉は下記の「かぶの葉のピリ辛炒め」に使うとよい。

**つくり方**

1. かぶは四つ割りにする。鍋に入れ、帆立て貝柱の水煮を缶汁ごと加える。昆布水と水を合わせて400mℓにして加え、中火にかける。
2. 沸騰したらアクをしっかり取って酒大さじ2を加え、弱火にしてふたをし、10分間ほど煮る。
3. かたくり粉大さじ1½を倍量の水で溶いて回し入れ、とろみをつける(a)。しょうゆ小さじ2、しょうがを加え(b)、ひと煮立ちさせる。味をみて粗塩で調える。

a

かぶと帆立て貝柱が一体化するように、水溶きかたくり粉でとろみをつけます。

b
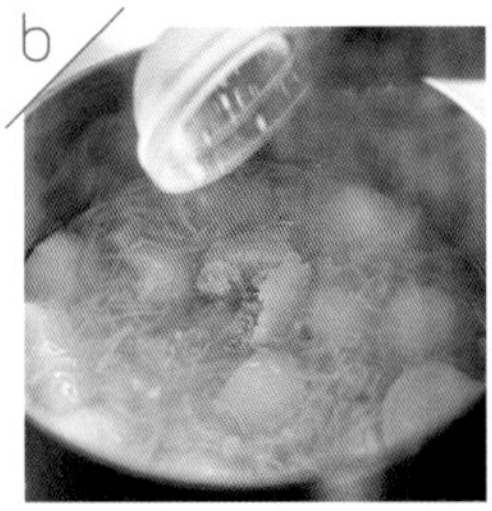
しょうがは風味を生かすために、仕上げに加えます。

**献立におすすめのひとしな**

かぶの葉のピリ辛炒め

→ つくり方はP.94

# 甘酒豆乳シチュー

ルーをつくる手間がないので手軽にできる、やさしい味のシチューです。
甘酒が魚介や豆乳のくせをやわらげ、やさしいとろみをつけます。甘酒だけだとゆるいので、
米粉でとろみを補いますが、小麦粉より軽やかで、冷めてもとろみが持続します。

**材料（2〜3人分）**

むきえび……200g
じゃがいも……1コ（150g）
たまねぎ……1コ（200g）
にんじん……⅔本（100g）
にんにく……2かけ
粗塩……適量
ごま油（白）……大さじ2
A｜甘酒（濃縮タイプ）*1
　｜……大さじ5
　｜粗塩……小さじ1½
昆布水（P.07参照）……200mℓ
B｜無調整豆乳……300mℓ
　｜米粉……30g
パセリの葉（粗みじん切り）
……適量
●こしょう

350kcal　塩分3.0g　40分

*1 米と米こうじが原料のもの。

**つくり方**

1. じゃがいも、たまねぎ、にんじんは一口大に切る。にんにくは根元側に十文字に切り込みを入れる。えびは背ワタを除き、粗塩少々を入れた水で洗い、水けを拭く。
2. 鍋にごま油、にんにくを入れて弱火にかけ、鍋を傾けながらじっくりと火を通す。にんにくから出る泡が少なくなったら火を止め、えびを加える。えびの色が変わるまで弱火で軽く炒め、取り出す。
3. 2の鍋にじゃがいも、たまねぎ、にんじんを入れて中火でサッと炒め、火を止める。Aを加えて混ぜ(a)、野菜から水分が出てくるまで10分間ほどおく(b)。
4. 昆布水と水を合わせて550mℓにして3に加え、中火にかける。煮立ったらアクを取って弱火にし、ふたをして10〜15分間、野菜が柔らかくなるまで煮る。
5. Bをよく混ぜて(c)、4に回し入れる。とろみがついたら粗塩・こしょう各少々で調え、えびを戻して軽く煮る。器に盛り、パセリをふる。

a

甘酒の糖分と粗塩で、野菜からうまみを含んだ水分がたっぷりと出ます。

b
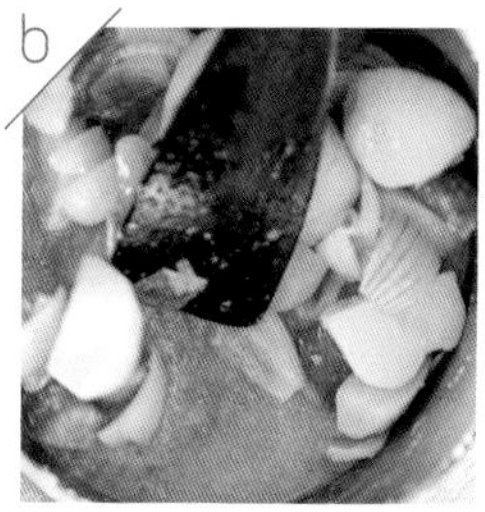
野菜から水分が出ると煮くずれしにくくなり、野菜のうまみはスープに出ます。

c

米粉は小麦粉のようにダマにならないので、スープに溶き入れるだけでなめらかなとろみがつきます。

献立におすすめのひとしな

大根とりんごの甘酒マリネ

→つくり方はP.95

# あさりとかぶの白みそスープ

あさりのだしが効いた、白みそと豆乳のまろやかなコクのスープです。
かぶはあさりのうまみを含ませながら、コトコトと柔らかく煮ます。
白みそは風味がとばないように、仕上げに溶き混ぜるのがポイントです。

**材料（2人分）**

あさり（砂抜きしたもの）……300g
かぶ……2コ（200g）
A　にんにく（みじん切り）……½かけ分
　　たまねぎ（粗みじん切り）……½コ分（100g）
　　好みの植物油……大さじ½
無調整豆乳……200mℓ
白みそ……大さじ2
◉酒・こしょう

170kcal　塩分2.4g　30分

**つくり方**

1. あさりは殻をこすり合わせて洗う。かぶは大きめの一口大に切る。
2. 鍋にあさりと酒50mℓを入れ、ふたをして中火にかける。あさりの口が開くまで2～3分間蒸し煮にする。ボウルに重ねたざるにあけ、蒸し汁と分ける(a)。あさりは半量ほど殻を外し、蒸し汁もとっておく。
3. 鍋をきれいにし、A、かぶを入れて中火にかけ、野菜に透明感が出るまで炒める。2の蒸し汁全量と水200mℓを加え(b)、弱火にして煮る。煮立ったらアクを取ってふたをし、かぶが柔らかくなるまで10～15分間煮る。
4. あさり（殻付き、むき身の両方）を戻し、豆乳を加えて沸騰直前まで温める。白みそを玉じゃくしに入れてスープを少量加えて溶き混ぜ、スープに混ぜる。こしょう少々をふり、味をみて足りなければ粗塩少々（分量外）で調える。

a

蒸し汁をあさりと分け、だしとして使います。

b

野菜の甘みと香りを引き出してから、あさりの蒸し汁と水を加えて煮ます。

献立におすすめのひとしな

豆腐トースト

→ つくり方はP.95

# かす汁雑煮

かす汁仕立てで体が温まる雑煮です。酒かすはよく加熱してアルコール分をとばし、
逆に白みそは煮立たせずにサッと火を通す程度にして、まろやかで上品な味わいに仕上げます。
すりごま、七味とうがらし、青ねぎを加えたり、油揚げを甘塩ざけにかえたりしても。

**材料（4人分）**

大根……5cm（200g）
にんじん……⅔本（100g）
たまねぎ……½コ（100g）
しめじ（またはエリンギ）
……1パック（100g）
油揚げ……1枚（30g）
こんにゃく……½枚（100g）
昆布水（P.07参照）……300mℓ
粗塩……適量
酒かす……100〜120g
白みそ *1……大さじ4
餅……適量
みつば……適宜

280kcal　塩分2.5g　30分

*1 うす口しょうゆ大さじ2にかえてキリッとさせても。

**つくり方**

1. 大根、にんじんは5mm厚さのいちょう形に切る。たまねぎは繊維に垂直に薄切りにする。しめじは根元を除き、ほぐす。油揚げは縦半分に切ってから横に1cm幅に切る。こんにゃくはごく薄切りにして、熱湯でサッとゆでる。

2. 鍋に大根、にんじん、たまねぎ、しめじ、こんにゃくを入れ、昆布水と水を合わせて800mℓにして加える。粗塩小さじ1弱を加えて弱火にかけ、煮立ったらアクを取る。

3. 2の煮汁を少量取り分けて酒かすを溶き(a)、2に加えて混ぜる。アルコール分がとぶまで10分間ほど煮る。

4. 3に油揚げを加え、ひと煮立ちさせたら白みそを加えて混ぜる(b)。味をみて粗塩少々で調え、火を止める。

5. 餅をオーブントースターでこんがりと焼く(c)。椀《わん》に入れ、4のかす汁を注ぎ、あればみつばを添える。

a

酒かすは煮汁で溶き混ぜてから加えると、よくなじみます。

b

白みそは風味がとばないように仕上げに加えます。

c

好みの餅を使ってください。ここでは玄米餅を使用。

献立におすすめのひとしな

七福なます

→つくり方はP.95

昆布水と同じように使える、植物性の極上だし

# しいたけ水

**（水で3倍くらいに希釈して使うタイプ）**

たっぷりの干ししいたけを水に半日つけてとるだしで、いわゆる干ししいたけの戻し汁です。
昆布水と同様に、さまざまなスープに活用できます。
特有のひなびたにおいを除くため、アクを丁寧に取ることがポイントです。
このひと手間で、すっきりとクリアに仕上がります。
雑味がないぶん、うまみが濃厚に感じられ、滋味深い味わいです。

**アクがたくさん出るので、しっかり取りましょう**

琥珀《こはく》色のしいたけ水は、昆布水とはまた違った風味とコクが楽しめます。干ししいたけを戻すときは必ず冷たい水を使い、冷蔵庫に入れましょう。甘みと風味がしっかりとしただしがとれます。昆布水のように水の継ぎ足しはできません。しいたけをギュッと絞って使うと、しいたけ水は濃くなり、出がらしのしいたけは調味料を吸いやすくなって、おいしく食べられます。アクが昆布水よりたくさん出るので、希釈するときは新しい水を高いところからザーッと注いで煮立たせ、アクをしっかり取りましょう。苦み、えぐみのない、すっきりとしたスープになります。昆布水のレシピをしいたけ水でつくってもおいしいですし、昆布水と合わせても味わい深いです。

## しいたけ水

**水で３倍くらいに希釈して使うタイプ**

**材料（つくりやすい分量）**

干ししいたけ……6枚（20g）

**つくり方**

1. 干ししいたけはサッと洗い、瓶に入れる。
2. 水400mℓを加えて冷蔵庫に半日（10時間以上）おく。

memo

+ 冷蔵庫で３〜４日間保存可能。使うときはしいたけをギュッと絞って、エキスをしいたけ水に出しきってから取り出し、水で３倍くらいに希釈して加熱し、アクを丁寧に取る。
+ 出がらししいたけは料理に活用できる。冷凍用保存袋に入れて冷凍庫で約１か月間保存可能（次々と継ぎ足してストックするとよい）。

### しいたけ水のしょうゆスープ

しいたけ水の深いうまみを
ストレートに味わうスープです。

□ 材料（１人分）

しいたけ水（上記参照）……100mℓ
粗塩……少々
しょうが（せん切り）……適量
◉酒・しょうゆ
15kcal　塩分1.3g　5分

□ つくり方

❶ 鍋にしいたけ水を入れ、水200mℓを高い位置から注いで加え、中火にかける。

memo 高い位置から水を注ぐと、しいたけ水に空気が入って対流が起こり、沸騰させたときにアクがたくさん出る。

❷ 沸騰したらアクをしっかり取りながら２分間ほど煮る。アクがほとんど出なくなったら酒・しょうゆ各大さじ½を加え、ひと煮立ちさせる。味をみて粗塩で調える。

❸ 器にしょうがを入れ、アツアツの2を注ぐ。

memo しょうゆは、粗塩小さじ¼にかえても。

出がらししいたけで始末のレシピ

### しいたけのから揚げ

しいたけはギューッと水けを絞ると、
味がしっかりしみ込みます。

□ 材料（つくりやすい分量）

「しいたけ水」の出がらししいたけ
（上記参照／水けをよく絞る）……100g
A ｜にんにく（すりおろす）……½かけ分
　｜しょうゆ・みりん……各小さじ２
レモン汁……適宜
◉かたくり粉・揚げ油
300kcal（全量）　塩分1.7g（全量）　10分*1
*1 Aをもみ込んでおく時間は除く。

□ つくり方

❶ しいたけは石づきを除いて半分に切る。ポリ袋に入れ、Aを加えてもみ込み、10分間以上（２日間くらいまで）おく。

❷ 1にかたくり粉をたっぷりとまぶす。中温（170℃）に熱した揚げ油に入れ、時々上下を返しながら、カラリとするまで揚げる。器に盛り、好みでレモン汁をかける。

# しいたけ水のスープ献立

**ズッキーニのくたくたスープと、**
**しいたけみそカリカリ揚げの食卓**

✢

しいたけ水はスープに、出がらししいたけはもうひとしなに。

## 01

### ズッキーニのくたくたスープ

しいたけ水のうまみを含んで、
トロッと煮上がったズッキーニが絶品。
時間がたつと味がぼやけるので、
スープにしっかり味をつけましょう。

□ 材料（２人分）
ズッキーニ……１本（150g）
ミニトマト……10コ（100g）
しいたけ水（P.87参照）……200mℓ
A
- 酒……大さじ2
- うす口しょうゆ（またはしょうゆ）……大さじ１
- 粗塩……小さじ⅓

しょうが（すりおろす）……小さじ１
35kcal　塩分2.1g　35分

□ つくり方
❶ ズッキーニは皮をむき、縦半分に切ってから一口大に切る。水に10分間さらして水けをきる。ミニトマトはヘタを取る。
❷ しいたけ水と水を合わせて500mℓにし、鍋に入れて中火にかける。沸騰したらズッキーニを加え、５分間ほどアクをしっかりと取り続けながら煮る（a）。ふたをして弱火にし、ズッキーニがトロリと柔らかくなるまで10〜15分間煮る。
❸ 2にAとミニトマトを加えて２分間煮る。味をみて足りなければ粗塩少々（分量外）で調える。器に盛り、しょうがをのせる。

a

アクがどんどん出てくるので、
丁寧に取り除きます。

## 02

### しいたけみそカリカリ揚げ

しいたけの香ばしいみそ炒めが、
カリカリの油揚げによく合います。

□ 材料（２人分）
しいたけみそ（つくりやすい分量）
- 「しいたけ水」の出がらししいたけ（P.87参照／水けをよく絞る）……60g
- にんにく（すりおろす）……½かけ分
- ごま油（茶）・みりん・みそ……各大さじ２
- 白ごま……適量

油揚げ……２枚
青じそ（せん切り）……２枚分
220kcal　塩分1.1g　15分

□ つくり方
❶ しいたけみそをつくる。しいたけは石づきを取り、粗みじんに切る。フライパンにごま油、にんにくを入れて弱火にかける。香りがたったら、しいたけを加え、水分がとんで、こんがりとするまでゆっくりと炒める。みりん、みそを加え、汁けがなくなるまで炒めて白ごまをふり、取り出す。
❷ フライパンをきれいにして弱火で熱し、油揚げを焼き色がついてパリッとするまで両面をじっくりと焼く。食べやすい大きさに切り、1を適量のせ、青じそを散らす。

**しいたけみそ**
ご飯のお供に、おにぎりの具に。
一味とうがらしを加えてピリ辛にしても。
memo　冷蔵庫で約１週間保存可能。

CHAPTER1

## 春のスープ

### じゃがいもの皮の こんがり焼き

→ P.25

じゃがいもの皮を
ペペロンチーノ風に焼き上げます。

□ 材料（2～3人分）

じゃがいもの皮*1
（少し厚めにむいたもの）……2コ分

A
- オリーブ油……大さじ2
- にんにく（薄切り）……1かけ分
- 赤とうがらし（縦半分に切って種を取る）……1本分

うす口しょうゆ……適量

90kcal　塩分0.3g　15分

*1 緑色に変色していないもの。家庭菜園などで未成熟なうちに収穫したものは避ける。

□ つくり方

1. じゃがいもの皮はかぶるくらいの水に5分間つけ、よく水けをきる。
memo 水につけてでんぷんを流すと、カリッと仕上がる。
2. フライパンにAを入れ、1を並べる。時々上下を返しながら、弱火でこんがりと焼く。器に盛り、うす口しょうゆをかける。

### ミニトマトのピーナツあえ

→ P.28

ピーナツのコクに
トマトの酸味がよく合います。

□ 材料（2人分）

ミニトマト……10コ（150g）

ピーナツ衣
- ピーナツバター（無糖）……大さじ2
- てんさい糖・ごま油（茶）・しょうゆ……各小さじ1
- 粗塩……2つまみ

青じそ……3～4枚

140kcal　塩分0.9g　10分

□ つくり方

1. ボウルにピーナツ衣の材料を入れ、なめらかになるまでよく混ぜる。
2. ミニトマトはヘタを取り、なり口のくぼみに沿って半割りにする。1に加えてあえ、青じそをちぎって加える。
memo ミニトマトはくぼみに沿って縦に切ると種が出にくくなり、水っぽくならない。

### 新ごぼうのから揚げ

→ P.31

外はカリッと香ばしく、
中は柔らかくてジューシーです。

□ 材料（2人分）

新ごぼう……100g

A
- しょうゆ・酒……各小さじ2
- にんにく（すりおろす）……小さじ½

粗塩……少々
レタス……適宜
レモン（搾りやすく切る）……適宜
●かたくり粉・揚げ油・こしょう

140kcal　塩分0.7g　15分*1

*1 Aとごぼうをおく時間は除く。

□ つくり方

1. ごぼうは皮をこそげて4cm長さに切り、太いものは縦半分に切る。水に5分間さらし、水けをきる。ポリ袋にAとごぼうを入れ、よくもんで15分間おき、汁けをきる。
memo おく間にごぼうから出る水分をきることでアクが抜け、油もはねにくくなる。
2. 別のポリ袋にごぼうを移し、かたくり粉大さじ2～3を加える。よく振って全体に粉をまぶす。
3. 揚げ油を170℃に熱し、2を表面がカリッとするまで3分～3分30秒間、時々上下を返しながら揚げる。油をきり、粗塩、こしょう少々をふる。好みでレタスを敷いた器に盛り、レモンを添える。

## ゆでいかの昆布ドレッシング

→ P.32

いかは冷たい塩水からゆでると
身がしまらずに柔らかく
仕上がります。

□ 材料（2人分）
するめいかの胴……1ぱい分
そら豆（正味）・ミニトマト……各50g
新たまねぎ……⅛コ（25g）
昆布ドレッシング（つくりやすい分量）
｜「昆布水」の出がらし昆布（P.07参照）……20g
｜にんにく（すりおろす）……½かけ分
｜しょうゆ・酢……各大さじ3
｜はちみつ……小さじ2
｜オリーブ油（またはごま油〈茶〉）……大さじ2
粗塩……適量
170kcal　塩分3.0g　25分*1
*1 いかを冷ます時間は除く。

□ つくり方
❶ 昆布ドレッシングをつくる。昆布は細切りにして保存容器に入れ、にんにくからはちみつまでを加えて10分間おく。オリーブ油を加えてよく混ぜる。
memo ここでは約半量を使う。冷蔵庫で2～3日間保存可能。
❷ そら豆はサッとゆでて薄皮をむく。ミニトマトはヘタを取って縦半分に切る。たまねぎは縦に薄切りにして水にサッとさらし、水けをきる。
❸ いかは皮付きのまま1cm幅の輪切りにする。2％の塩水（水500mℓにつき粗塩小さじ2の割合）を鍋に入れ、いかを加えて弱火にかける。フツフツとしたらすぐに火を止めてざるに上げ、ボウルに移す。熱いうちに1の約半量をからめて冷まし、2を加えてあえる。
memo いかにドレッシングをからめて熱いうちに食べてもおいしい。

## さわらのジンジャーフリット

→ P.34

米粉は油を吸いにくくて
消化がよく、
揚げ物を軽やかにしてくれます。

□ 材料（2人分）
さわら（切り身）……3切れ（250g）
さやいんげん（筋は取る）……8本（25g）
粗塩……小さじ½
A｜ジンジャーパウダー*1……小さじ½
　｜米粉……適量
B｜米粉……50g
　｜炭酸水……50～70mℓ
　｜粗塩……2つまみ
米粉……少々
●揚げ油
470kcal　塩分1.3g　20分*2
*1 しょうがを乾燥させて粉末にしたスパイス。同量のカレー粉で代用しても。
*2 さわらに粗塩をふっておく時間は除く。

□ つくり方
❶ さわらは一口大に切って皮と骨を除き、両面に粗塩をふって10分間おき、水けを拭く。Aを順に茶こしで両面にまんべんなくふる。
❷ ボウルにBを入れ、天ぷらの衣くらいのとろみがつくまで泡立て器で混ぜて衣をつくる。
❸ 揚げ油を180℃に熱し、さわらを2にくぐらせて入れ、時々上下を返しながらカリッと揚げて取り出す。いんげんに米粉を茶こしでふり、残った衣にくぐらせて同じ油でサッと揚げる。
memo 衣が固まるまでは、なるべく触らないこと。

## かじきのガーリック揚げ

→ P.41

かじきは塩で下味をつけないので
水分もうまみも流出せず、
ふんわりと揚がります。

□ 材料（2人分）
かじき（切り身）……2切れ（200g）
にんにく（すりおろす）……1かけ分
コーンスターチ*1……大さじ4
ウメスコ（P.41参照）……適量
●揚げ油
320kcal　塩分1.6g　20分
*1 かたくり粉より粒子が細かいので、衣が薄くついて油ぎれがよく、あっさりと仕上がる。なければ、かたくり粉でもよい。

□ つくり方
❶ かじきは一口大に切る。にんにくとともにポリ袋に入れ、軽くもんで10分間おく。コーンスターチを加え、袋に空気を入れて口をねじり、よく振って粉をしっかりまぶす。
memo コーンスターチが足りなければ適宜足す。
❷ フライパンに揚げ油を2cm深さまで入れて170℃に熱し、1を入れる。時々上下を返しながら3～4分間、カリッと揚げる。器に盛り、ウメスコをたっぷりとかける。

CHAPTER2

## 夏のスープ

### えびのスパイシー焼き

⟶ P.42

えびは香味素材を加えた
油につけ込み、
風味をしっかり含ませます。

□ 材料（2人分）

えび（殻付き／無頭）……12匹（200g）

A | にんにく（薄切り）……1かけ分
| オリーブ油……大さじ2
| 粗塩……小さじ½
| 一味とうがらし・こしょう・
| ローズマリーの葉（生）
| ……各適量

190kcal　塩分1.5g　10分*1

*1 冷蔵庫におく時間は除く。

□ つくり方

❶ えびは殻付きのまま背に切り込みを入れ、背ワタを取る。ポリ袋に入れてAを加え、軽くもんでなじませて冷蔵庫に30分間から一晩（8時間）おく。

❷ 1のえびを油ごとフライパンに入れ、弱火にかける。時々上下を返しながら、えびの表面が少しこんがりとするまで焼く。

### じゃがいものぺちゃんこ焼き

⟶ P.45

じゃがいもは塩水でゆでると
皮がはじけず、モッチリとして、
つぶしてもくずれません。

□ 材料（2～3人分）

新じゃがいも
……5～6コ（300～400g）

粗塩……適量

◉オリーブ油

210kcal　塩分0.7g　40分

□ つくり方

❶ じゃがいもはよく洗って皮付きのまま鍋に入れ、2％の塩水（水500mℓにつき粗塩小さじ2の割合）をかぶるくらいに注ぎ、弱火にかける。細かい気泡が出てきたらふたをし、竹串がスッと通るまで25～30分間ゆでて湯をきる。

❷ フライパンにオリーブ油大さじ1½を入れ、じゃがいもを並べる。皿か鍋のふたでギュッと押さえて軽くつぶす。上下を返して油になじませ、フライパンにくっつかないようにしてから弱めの中火にかける。じゃがいもを時々皿でギュッと押したり、上下を返したりしながら、皮がこんがりとするまで焼く。油が足りなくなったら途中で足す。

（memo）しっかり押さえて焼くと、表面がパリッとする。

CHAPTER3

## 秋のスープ

### 豆腐とくるみのサラダ

⟶ P.62

みそドレッシングの
コクのある酸味に、
くるみの香ばしさがアクセント。

□ 材料（2人分）

絹ごし豆腐……1丁（300g）

くるみ……4～5コ

ほうれんそう……1ワ（200g）

粗塩……少々

みそドレッシング

| みそ……大さじ3
| ごま油（茶）・酢……各大さじ2
| たまねぎ（すりおろす）
| ……大さじ1
| はちみつ……小さじ2

◉しょうゆ

350kcal　塩分3.5g　10分

□ つくり方

❶ くるみはフライパンに入れて弱火でからいりし、粗く刻む。みそドレッシングの材料を混ぜる。

❷ ほうれんそうは粗塩を入れた熱湯でサッとゆでて水にさらす。水けをきって3～4cm長さに切り、しょうゆ少々をまぶしてキュッと絞る。器に盛り、豆腐を食べやすい大きさに切ってのせる。

❸ 1のみそドレッシングにくるみを加え、2にかける。

## さけのアーモンド焼き

→ P.65

アーモンドの香ばしさと
ハーブの香りで豊かな味わいに。

□ 材料（2人分）
生ざけ（切り身）……2切れ（150g）
粗塩……小さじ½
好みのドライハーブ
（バジル、オレガノなど）……適量
地粉《じごな》*1……大さじ2
アーモンドスライス……50g
レタス……適宜
◉こしょう
290kcal　塩分1.0g　30分*2
*1 同量の薄力粉で代用できる。
*2 さけに粗塩をまぶしておく時間は除く。

□ つくり方
❶ さけは皮と骨を除いて6〜8等分に切り、粗塩をふって10分間おき、水けを拭く。こしょう少々とドライハーブをふる。
❷ 地粉と水約大さじ1を混ぜ、少し堅めの濃度にする。
❸ さけを2にくぐらせてアーモンドをまぶす。オーブン用の紙を敷いた天板にのせ、200℃に温めたオーブンでこんがりするまで20分間ほど焼く。器に盛り、あればレタスを添える。

## 梅びしお

→ P.66

「五目とろろ汁」（P.66参照）の
味変えに。麺料理や冷ややっこ、
納豆にも合います。

□ 材料（つくりやすい分量）
梅干し（塩分15%）
……（大）4コ（60g）
削り節……2袋（6g）
切り昆布（乾）……少々
◉みりん
140kcal（全量）
塩分7.3g（全量）　10分*1
*1 冷ます時間は除く。

□ つくり方
❶ 梅干しは種を取って包丁でたたく。削り節は袋の上からもんで細かくする。耐熱ボウルに梅肉、削り節、切り昆布を入れる。
❷ 小鍋にみりん大さじ3を入れ、ごく弱火にかける。沸騰して1分間たったら火を止め、1に加えて混ぜ合わせ、冷ます。
（memo）冷蔵庫で約2週間保存可能。

## オイルサーディンの
## サンドイッチ

→ P.68

オイルサーディンと焼きパプリカの
甘みがよく合います。

□ 材料（2人分）
オイルサーディン（缶詰）
……1缶（100g）
パプリカ（赤）……1コ（150g）
たまねぎ……¼コ（50g）
A ｜しょうゆ……小さじ1〜2
｜レモン汁……小さじ1
｜こしょう……適量*1
好みのパン（2㎝厚さ）……2枚
フリルレタス……適量
粗塩……少々
◉オリーブ油
310kcal　塩分1.5g　10分*2
*1 たっぷり加えるとおいしい。
*2 パプリカの粗熱を取る時間は除く。

□ つくり方
❶ パプリカは縦半分に切り、ヘタと種を取る。天板にのせ、温めたオーブントースターで焼き色がつくまで5〜7分間、様子を見ながら焼く。粗熱を取って皮をむき、粗塩をふる。たまねぎは縦に薄切りにして水にサッとさらし、水けをよくきる。
❷ オイルサーディンは缶汁をきってボウルに入れ、軽くほぐしてAを加え、しっかりと味をつける。
（memo）オイルサーディンは商品によって塩けが違うので、しょうゆの量は味をみて加減する。
❸ パンの厚みに切り込みを入れて開き、オリーブ油少々を回しかける。2、たまねぎ、フリルレタス、焼きパプリカをはさむ。好みで具にしょうゆ少々（分量外）をふる。

## 和風バーニャカウダ

→ P.75

「にんにくの澄ましスープ」
（P.75参照）で使った
にんにくを活用します

□ 材料（4人分）
にんにくディップ
「にんにくの澄ましスープ」で
取り出したにんにく……全量
みそ……大さじ2
オリーブ油（またはごま油〈白〉）
……大さじ2
赤ピーマン……1コ
ブロッコリー……¼コ（50g）
かぶ……（大）½コ（75g）
れんこん（5㎜厚さの輪切り）
……4枚
かぼちゃ（7〜8㎜厚さに切る）
……4切れ
好みの植物油……適量
◉黒こしょう（粗びき）
140kcal　塩分1.1g　15分

□ つくり方
❶ にんにくディップをつくる。にんにくは根元の堅い部分を除き、ボウルに入れてフォークでつぶす。みそを加えてよく混ぜる。オリーブ油を加え、分離しなくなるまでよく混ぜる。
❷ 赤ピーマンは四つ割りにし、ヘタと種を取る。ブロッコリーは小房に分ける。かぶは茎を2㎝残して葉を除き、4等分のくし形に切る。
❸ フライパンに植物油を中火で熱し、2、れんこん、かぼちゃを並べ、時々上下を返しながらじっくりと焼き、器に盛る。
❹ にんにくディップを器に盛って黒こしょう少々をふり、野菜に添える。
memo 野菜は好みのもので。

## 根菜こんにゃく揚げマリネ

→ P.76

長く煮込んだように
味がよくしみて、
モチモチとした食感です。

□ 材料（2人分）
れんこん……½節（100g）
にんじん……½本（75g）
こんにゃく……¼枚（75g）
好みの植物油……適量
A しょうゆ……大さじ1強
　てんさい糖・酢……各小さじ1
120kcal　塩分1.5g　15分*1
*1 冷ます時間は除く。

□ つくり方
❶ れんこん、にんじん、こんにゃくは一口大の乱切りにする。
❷ 鍋かフライパンに植物油を2㎝深さまで入れて160℃に熱し、弱火にして1を入れる。時々上下を返し、徐々に中火にして3〜4分間、少しこんがりとするまでじっくりと素揚げする。
❸ ボウルにAを入れ、てんさい糖が溶けるまで混ぜる。2を加えてよく混ぜ、冷ましながら味を含ませる。
memo 根菜は低温からじっくり揚げると、水分が抜けて中までしっかり火が通り、たれがすぐにしみ込む。

## かぶの葉のピリ辛炒め

→ P.78

かぶの葉の状態が多少よくなくても、
にらがおいしくカバーします。

□ 材料（2人分）
かぶの葉……3コ分（150g）
にら……½ワ（50g）
油揚げ……1枚（30g）
赤とうがらし……1本
A ちりめんじゃこ……20g
　白ごま……大さじ1
◉ごま油（茶）・しょうゆ・みりん
220kcal　塩分2.0g　10分

□ つくり方
❶ かぶの葉は茎と分け、茎は1㎝幅、葉は1㎝四方に切る。にらは1㎝幅に切る。油揚げは5㎜角に切る。赤とうがらしは縦半分に切って種を除く。
❷ フライパンにごま油大さじ1、1を順に入れて中火にかけ、しんなりするまで炒める。しょうゆ・みりん各大さじ1を加え、汁けがなくなるまで炒める。Aを加えて混ぜ、火を止める。
memo 冷蔵庫で約5日間保存可能。

## 大根とりんごの甘酒マリネ

→ P.81

甘酒の自然な甘みが、
りんごの風味を際立たせます。

□ 材料（2～3人分）

大根……¼本（250g）
りんご……½コ（100g）
粗塩……小さじ1（大根の重量の2％）
A｜甘酒（濃縮タイプ）*1
　｜……大さじ2
　｜レモン汁……小さじ1

50kcal　塩分0.9g　10分*2

*1 米と米こうじが原料のもの。
*2 大根に粗塩をふっておく時間、りんごをなじませる時間、Aを混ぜておく時間は除く。

□ つくり方

❶ 大根は2㎜厚さの半月形に切り、大きければさらにいちょう形に切る。ボウルに入れて粗塩をふり、水分が出るまで15分間以上おく。
❷ りんごはよく洗って芯を取り、皮付きのまま4等分のくし形に切ってから横に2㎜厚さの薄切りにする。1のボウルに加え、大根から出た水分にくぐらせてなじませ、5分間おく。
memo りんごは塩をまぶした大根から出る水分になじませると、色も形もきれいに保てる。
❸ 2の水分をよくきり、Aを加えて混ぜ、5分間おく。好みでオリーブ油適量（分量外）を回しかける。

## 豆腐トースト

→ P.82

豆腐とは思えないほど、
限りなくマヨネーズトーストです。

□ 材料（2人分）

絹ごし豆腐……50g
A｜粗塩……小さじ⅓
　｜てんさい糖……小さじ1
　｜にんにく（すりおろす）
　｜……½かけ分
ごま油（白／またはオリーブ油）
……大さじ1½
B｜レモン汁（または酢）
　｜……小さじ½
　｜こしょう……適量
バゲット（薄切り）……6～8枚
コーン（冷凍／ホールタイプ）
……50g
パセリの葉（みじん切り）……適量

210kcal　塩分1.3g　15分

□ つくり方

❶ ボウルに豆腐を入れ、泡立て器で混ぜてペースト状にする。Aを加え、なめらかになるまでよく混ぜる。ごま油を分量から少量を加えて混ぜる。なじんだら残りのごま油を少しずつ加え、トロリとして油分が浮かなくなるまで混ぜる。Bを加えて混ぜる。
❷ バゲットに1を等分に塗り、半量にコーンを凍ったまま等分にのせる。オーブントースターでこんがりと焼き、コーンがないほうにはパセリをふる。

## 七福なます

→ P.84

七つの食材でつくるから、
七福なます。
サラダ感覚で食べられます。

□ 材料（4人分）

大根……½本（500g）
にんじん……⅓本（50g）
粗塩……適量
油揚げ……1枚（30g）
柚子《ゆず》……1コ
A｜昆布（細切り）・白ごま……各適量
　｜赤とうがらし（小口切り）……適量
　｜てんさい糖……大さじ3
●酢（あれば米酢）

90kcal　塩分1.4g　20分*1

*1 大根、にんじんに塩をしておく時間、大根の水けをきる時間は除く。

□ つくり方

❶ 大根、にんじんは繊維に垂直にせん切りにする。大根は粗塩小さじ2（10g）、にんじんは粗塩2つまみ（1g）をふってそれぞれなじませ、15分間以上おく。しんなりして水分が出たら、大根はざるに広げ、自然に水けがきれるまで15分間以上おく。にんじんは水けを絞る。
memo 大根は自然に水けをきると辛みが抜けて、甘みが出る。
❷ 油揚げはフライパンで両面をカリッと焼き、縦半分に切ってから横にごく細切りにする。柚子は皮を薄くむいてせん切りにし、果汁を搾る。果汁と酢を合わせて50㎖にする。
❸ ボウルに1、2、Aを入れ、よく混ぜ合わせる。
memo すぐに食べられるが、一晩（8時間）おくと、味がよくなじむ。

## 白崎裕子 しらさき・ひろこ

料理研究家。神奈川県・葉山の海辺にある古民家でオーガニック料理教室「白崎茶会」を主宰。植物性の材料でもおいしく満足できる料理・菓子・パンが評判となり、自然食や体質改善、食事療法など食生活にこだわりのある人から料理初心者まで全国から参加し、予約のとれない料理教室として人気となる。座右の銘は、「魂焦がして鍋焦がさず」。岡倉天心を師と仰ぎ、寝ても覚めてもレシピ探究に明け暮れる。現在は〝三密〟を避け、オンライン教室を開催中。

白崎茶会ホームページ
http://shirasakifukurou.jp



| | |
|---|---|
| アートディレクション | 中村圭介(ナカムラグラフ) |
| デザイン | 堀内宏臣、平田 賞（ナカムラグラフ） |
| 撮影 | 新居明子 |
| スタイリング | 佐々木カナコ |
| 調理助手 | 水谷美奈子／菊池美咲／竹内よしこ<br>濱口ちな／白崎巴菜 |
| 協力 | グラウクス堂／陰陽洞／菜園「野の扉」 |
| 校正 | 円水社 |
| 栄養計算 | 宗像伸子 |
| 編集 | 宇田真子／米村 望、山田葉子（NHK出版） |
| 編集協力 | 前田順子／大久保あゆみ |

* この本は『NHKきょうの料理』テキストの連載「スープと、ひとしな」に新しいレシピを加え、再編集したものです。


# 白崎茶会の癒しのスープ


| | |
|---|---|
| 発行日 | 2020年12月15日　第1刷発行<br>2021年2月20日　第2刷発行 |
| 著者 | 白崎裕子<br>©2020 Shirasaki Hiroko |
| 発行者 | 森永公紀 |
| 発行所 | ＮＨＫ出版<br>〒150-8081　東京都渋谷区宇田川町41-1<br>電話 0570-009-321（問い合わせ）<br>0570-000-321（注文）<br>ホームページ　https://www.nhk-book.co.jp<br>振替　00110-1-49701 |
| 印刷・製本 | 大日本印刷 |





Printed in Japan
ISBN978-4-14-033317-4　C2077